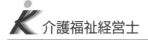

介護福祉経営士 実行力テキストシリーズ 14

介護業界で生き残る
経営計画・事業計画のつくり方

独立行政法人
福祉医療機構

本地央明
経営サポートセンター
リサーチチーム リーダー

中野佑一
経営サポートセンター
コンサルティングチーム 主査

日本医療企画

はじめに

　2000（平成12）年に介護保険制度が導入されて10年以上が経過しました。従来の行政からの委託としての措置制度下の事業が、介護保険事業に切り替わったことで、この業界に経営の概念が改めて導入されたといえるでしょう。

　しかしながら、介護事業者のなかには、経営という概念が十分に浸透していない事業者もまだ存在しているように思えます。
「良い介護サービスを提供することは当然として、経営という言葉に真剣に向き合い、策定した計画に基づき事業を運営する」
　今後、介護事業者には、こうした姿勢が求められることとなるでしょう。

　本書は、独立行政法人福祉医療機構において実施している福祉貸付事業やコンサルティングの実績などをもとに、経営計画・事業計画の策定手法を解説しています。

　具体的には、第1章で経営計画・事業計画の策定に必要となる経営理念・ビジョン・戦略などの関係性と計画策定にあたってのフレームワークなどの基本的な内容を説明し、第2章で実際に介護事業者のおかれている環境を踏まえた経営計画・事業計画の策定方法を示しています。第3章では、特別養護老人ホームなどを経営する社会福祉法人とデイサービス事業を立ち上げようとしているNPO法人の事例を用いて、実際の計画策定までの流れを解説しています。

　この原稿を執筆している最中に、2015年度から介護報酬を2.27％下げることが決定したとのニュースが飛び込んできました。9年ぶりのマイナス改定です。

　今後、介護業界で生き残るためには、こうした環境変化に対応し

ながら、中長期的な視点に立った経営計画・事業計画策定が欠かせません。本書の内容を活用いただくことで、手にとられたみなさまの経営計画・事業計画がより良いものになれば、望外の喜びです。

2015年2月
経営サポートセンター
リサーチグループ
本地央明

CONTENTS

はじめに

第1章 経営計画・事業計画の基本的な考え方

1 組織を経営するということ　8
2 経営計画・事業計画とは　10
3 経営理念・ビジョン・経営戦略とは　16
4 経営戦略、経営計画・事業計画策定に係る分析　27
5 経営計画・事業計画策定にあたってのフレームワーク　29
● コラム1　評論家になるな！　48

第2章 介護事業者における経営計画・事業計画のつくり方

1 介護事業者における経営計画・事業計画の重要性　52
2 介護事業者の特殊性を理解する　59
3 経営計画・事業計画策定の基本的な流れ　68
4 介護事業者における環境分析の視点　73
5 外部環境分析による事実の整理【ステップ1】　77
6 内部環境分析による事実の整理【ステップ2】　90
7 ビジョン実現に向けた経営戦略の立案【ステップ3】　98
8 具体的な取組項目の選択【ステップ4】　117
9 3～5年間の経営計画への落とし込み【ステップ5】　129
10 年度ごとの事業計画への分解【ステップ6】　137
11 計画を管理する　148
● コラム2　MECEを意識せよ！　153

第❸章 モデル事例

1 モデル事例①　特別養護老人ホームにおける
　　　　　　　　経営計画・事業計画　*168*
2 モデル事例②　デイサービス事業立ち上げにおける
　　　　　　　　経営計画・事業計画　*198*
3 まとめ──経営計画・事業計画の策定とは　*224*
●コラム3　事務室から飛び出せ！　*225*

わりに

経営計画・事業計画の基本的な考え方

　本章では、一般的な組織における計画策定までの流れと、計画策定に有効なフレームワークを経営計画・事業計画策定に係る基礎知識として紹介していきます。

1 組織を経営するということ

（1）組織は同じ理念・ビジョンのもとで活動する人々の集まり

　組織には、サークルなどの仲間の集まり、株式会社などの営利組織、社会福祉法人などの非営利組織などさまざまな形態があります。組織の中でも企業は、「技術変換という仕事を行い、それによって付加価値という成果を生み出している存在」（伊丹敬之、加護野忠男『ゼミナール経営学入門』）とされています。

　つまり、必要なものを市場から購入し、その購入物を改良したり、他の購入物と組み合わせたりして付加価値を付け、商品として販売している存在が企業ということです。

　これは、介護事業においても同様です。介護サービスを提供するのに必要な人材や資源を集め、それらを組み合わせて付加価値を付けたうえで、利用者に対して介護サービスとして提供し、それを成果としているのです。

　また、組織は人の集まりで構成されています。1人では提供できないサービスや商品を販売するためには、集団の力で行う必要があるからです。つまり、組織はある特定の目的に向かって仕事をしている集団ともいえます。

　本書においては、これらの考えを踏まえ、組織を「同じ理念・ビジョンのもとに、独自のノウハウを利用して、新たな付加価値を付けたサービス・商品を提供している集団」と定義することとします。

（2）経営とはビジョンへ向かう集団をコントロールすること

　組織の経営者に対して、「経営していますか？」と聞けば、ほと

んどの経営者は「経営している」と答えるでしょう。しかし、「では具体的に何をしているのですか？」と聞いて、すんなりと言葉で回答できる人は少ないのではないでしょうか。

では、「経営」とはそもそも何をすることなのでしょうか。ここでも、言葉の定義を整理してみましょう。小学館の『大辞泉』によると、経営とは、「事業目的を達成するために、継続的・計画的に意思決定を行って実行に移し、事業を管理・遂行すること」と定義されています。

つまり、経営者はその組織を経営するにあたり、次の点についてコミットする必要があるということです。

①事業の目的を明確にすること
②継続的・計画的に意思決定を行い実行に移すこと
③事業を管理・遂行すること

これらの点を実践するには、どのような段取りで行えばよいのでしょうか。

一般的には、①経営理念・ビジョンなどを策定することで、事業の目的を明確にし、②明確にした事業の目的に沿った経営計画・事業計画を策定したうえで、その計画を実行に移し、③計画の進捗状況を振り返りながら、当該計画が遂行されるようコントロールする——という手順でしょう。

つまり、組織を経営するということは、「同じ理念・ビジョンのもとで活動している集団が、事業の目的を達成することができるように計画を策定し、その進捗状況をコントロールすること」といえるでしょう。

2 経営計画・事業計画とは

（1）ギャップを埋めるための活動を具現化したものが計画

　計画とは、事前に将来とるべき行動の案を決めておくことです。

　ここで、所属されている組織の計画を思い浮かべてみてください。どのような計画が浮かんできたでしょうか。ある人は年間のイベントのスケジュール表を、ある人は年度で達成すべき数値目標を、ある人は今後の事業展開を、ある人は5年後の目標を思い浮かべるかもしれません。このように単に計画といってもさまざまなバリエーションがあり、ある意味どれも正解といえます。

　本書においては、今後、言葉の意味を統一するために、計画、経営計画、事業計画をそれぞれ次のとおり定義することとします。

計画	現状と将来の目標とのギャップを埋めるために行う一連の活動予定を定めること
経営計画	全社・中長期の計画
事業計画	事業・事業年度の計画

　この定義にもあるとおり、計画には、少なくとも、将来の目指すべき姿としての目標と、そこへたどり着くまでの活動の2つが記載されている必要があります。

（2）計画の策定が組織にもたらすメリット

　では、なぜ計画をつくる必要があるのでしょうか。計画を策定し

可視化することで、次の3つのメリットを享受することができます。

　①経営理念・ビジョンの具現化

　②組織マネジメントの向上

　③外部への説明力の向上

それぞれの内容について説明します。

まず、1つ目の「経営理念・ビジョンの具現化」についてです。

計画を策定するためには、

・組織を取り巻く環境が現在どのようになっていて、今後どのようになるのか

・組織としてどのような目標を達成しようとするのか

・組織を取り巻く環境と将来の目標を踏まえ、今後どのような行動をとるべきなのか

の3点について考えなければなりません。計画が経営者1人の頭の中にあるだけでは、これらについて十分に考えることは困難です。

　頭の中にあることを書面に落とし込んだうえで、その内容を組織全体で考え、とるべき行動を決定することで、組織の将来像を具体化することができます。

　次に2つ目の「組織マネジメントの向上」についてです。

「1　組織を経営するということ」でも述べたとおり、組織は人の集まりです。組織が目的を達成するためには、その組織に所属している人が、どのようにその目的を達成するのかを知っておく必要があります。計画を策定することで、目的達成のための方法が可視化され、組織の一員たる個人が、自分は目的達成のために何をすればよいのかを理解することができるようになります。併せて、各個人が目的達成のため、どのような力量が必要となるのかがわかり、それに応じた教育訓練も行うことができるようになります。

　また、計画どおり進んでいるのかどうかのチェックを行うことで、

今後何をしなければならないのかも把握できるようになります。

このように組織力を向上させるという点からも計画の策定は重要です。

最後に、「外部への説明力の向上」についてです。

最近、CSR (Corporate Social Responsibility：企業の社会的責任)活動という言葉も市民権を得てきた感があります。CSR活動とは、「組織が社会的責任を果たすための活動」という意味です。これは、組織が社会へ与える影響に責任がある、つまりあらゆるステークホルダー（利害関係者）に対して責任を負い、その責任を果たしていく必要があるという考え方です。

組織外のステークホルダーとしては、顧客、株主、債権者、仕入先、地域社会、行政機関などが挙げられます。組織は、これらのステークホルダーに対して事業の状況、今後の見込みなどを説明し、理解してもらう必要があります。仮に、ステークホルダーに対して、計画を十分に説明できなかった場合、組織はさまざまな不利益を被ることとなるでしょう。

例えば、ステークホルダーの一つである顧客が、将来にわたって組織の商品を購入したり、サービスを利用したりすることを検討しているときには、その組織が継続的に商品やサービスを提供してくれるのかどうかを知りたいと考えるでしょう。組織がこうした疑問に回答できなければ、顧客は「その商品やサービスは利用しない」という決断を下すこととなるかもしれません。

　また、同様にステークホルダーの一つである債権者の立場にたってみるとどうでしょうか。銀行をはじめとする債権者は、組織に融資などを実行するにあたって、その組織が将来どうなるのかを理解しようとします。その際、組織が具体的な計画を策定しているのかどうかは大きなポイントとなります。計画を策定していない組織は、将来性が見込めないことから当然融資は実行されないでしょう。計画を策定している組織については、その計画を吟味し、妥当であると判断した場合に融資が実行されることとなります。

　これらのように、計画を策定し、その計画が理解されることで、「ステークホルダーから選ばれない」という不利益を回避することができるようになるでしょう。

　このように、計画を策定することは組織に大きなメリットをもたらします。

(3) 計画実行のポイントはPDCAサイクルを回すこと

　計画は、策定しただけでは意味がありませんが、計画に沿って事業を進めたとしても、組織の内部環境や外部環境は日々変化します。こうした変化に対応するためにも、計画の進捗状況を把握し、その計画をコントロールする（計画どおりに進まないときには修正を図る）ことが重要です。こうした取り組みをよく、PDCAサイクルといいます。

【図表1-2-1】PDCAサイクル

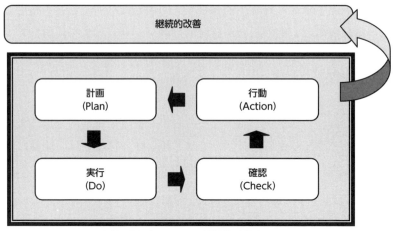

PDCAを繰り返し行うことで、継続的改善を図る

著者作成

　PDCAサイクルは、「計画を策定（Plan）し、策定した計画を実行（Do）し、その結果を確認（Check）し、確認結果に基づき行動（Action）する」というサイクルを繰り返すことで、継続的に改善を図ることを目的とした活動です（図表1-2-1）。

　計画は、変更ありきで策定するものではありませんが、当初策定した計画が完全であることはなかなかありません。先ほど述べたとおり環境は変化していきます。このPDCAサイクルの考え方を取り入れ、継続的改善を行うことで、計画を修正し、正しい方向へ向かうことができるようになります。

　「ゆでガエル」という言葉をご存じでしょうか。熱湯の中にカエルを入れると、カエルは熱さのあまりその熱湯から飛び出します。しかし、水の中にカエルを入れ、そのまま水をゆっくりと沸騰させると、カエルは気づかないまま、ゆで上がって死んでしまいます。

環境の変化をとらえることができない状態を指すものとして経営の世界ではよく使われます。組織がゆでガエルになる前に、対策を打つことは非常に重要です。

3 経営理念・ビジョン・経営戦略とは

(1) 計画策定の前に、経営理念・ビジョンの明確化

　経営計画・事業計画の全体像は次のとおりです (図表1-3-1)。

　経営理念を示し、その経営理念に基づいたビジョン (中長期的に目指すべき姿) を設定し、そのビジョンを実現するために戦略を立案し、戦略に沿った経営計画・事業計画を策定するという流れになります。

　つまり、経営計画・事業計画を策定するにあたっては、「経営理念」、「ビジョン」、「戦略」──の3つの要素を明確にしておく必要があるわけです。これらの要素の詳細については後述しますが、もっと

【図表1-3-1】経営計画・事業計画策定の流れ

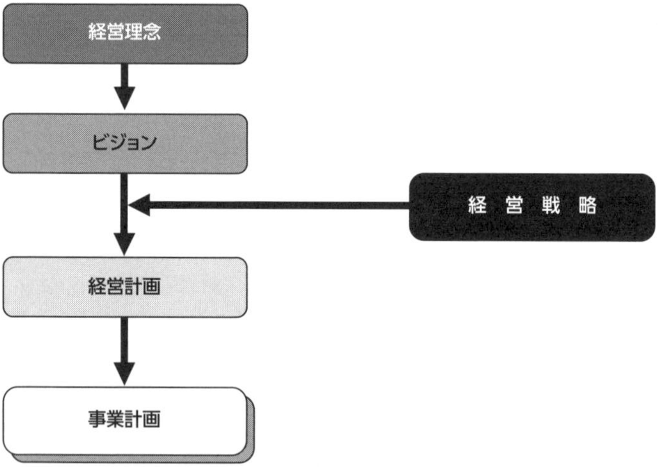

経営理念 → ビジョン ← 経営戦略
　　　　　　↓
　　　　経営計画
　　　　　↓
　　　　事業計画

著者作成

も重要なことは、一連の流れの整合性がとれていることです。

　悪い例としてよくあるのは、「経営理念が、美辞麗句でつくられ、職場に飾られているものの、計画策定時にはまったく意識されていない」という状態です。もし、心当たりがあるのであれば、経営理念の周知方法を見直す必要があるでしょう。場合によっては、経営理念を一から考え直さなければなりません。

（2）経営理念とは組織の存在意義と行動指針を定めたもの

　経営理念とは、2つのことについての考え方を整理したものです。

　1つ目は、「組織の存在意義」です。その組織の社会的意義は何かを経営理念で明確にすることで、組織に所属している職員の仕事へのモチベーションを高めることができ、また、組織外にもその組織の存在意義を示すことができます。

　2つ目は、「組織の行動指針」です。これは、組織の職員がどうすればよいのか迷ったときの判断指針となるべきものです。これが明確になっていないと、行動の判断基準が、自組織にとって有益かどうかだけになってしまいます。組織の行動指針を明確にすることで、職員が同じ方向を向いて仕事ができるようになるとともに、共通の行動指針に基づきコミュニケーションをとることで、職員間の共通認識が形成されやすくなります。組織によっては、この2つ目の観点を行動指針（クレド）などとして、経営理念とは別に定めているところもありますが、本書では、経営理念の一部として取り扱います。

　さて、これまで繰り返し述べてきたように、経営理念は組織にとって非常に重要です。前述したとおり、職場の額縁に入ったままで忘れ去られ、記念式典のスピーチなどで不意に登場するだけの存在であることもありますが、一方で、成功している組織の経営理念は、

第三者が見てもはっとさせられるものがあります。

そのなかの一つとして、アスクル株式会社の企業理念（経営理念）とその解説を紹介します（図表1-3-2）。

【図表1-3-2】企業理念とその解説

企業理念

お客様のために進化する － Innovate for Customer －

アスクルが目指しているのは、オフィスに必要なものを「もっとも望ましいかたちで」「迅速に」提供すること。常にお客様の声を聞きながら、商品、サービス、システム、そして私たち自身を進化させていきます。
この企業理念のもとに提供する大きな2つの価値は「オフィスのためのワンストップショッピング」と「時間を約束したサービスの提供」です。

・オフィスのためのワンストップショッピング
1回の注文でオフィスに必要なものすべてを安く、購入できるサービスを提供。文房具、事務用品、作業用品、家具やインテリア用品、日用雑貨、食料品、飲料品、医療機器、衛生用品、介護用品にいたるまで「オフィスでの生活に関わるもの」すべてがアスクルの領域。24時間、インターネットやFAXでの注文によるワンストップショッピングを可能としています。

・時間を約束したサービスの提供
社名にもあらわされているように「明日必ず届ける」という約束が私たちの大きな特徴であり、お客様に提供している圧倒的な価値でもあります。この約束を守り続けることが、お客様との信頼関係につながっています。

お客様の声に愚直ともいえるほどに耳を傾けてきたことが、現在のアスクル、そしてあしたのアスクルをつくりあげていくのです。

出所：アスクル株式会社 ホームページ

アスクルは、文具をはじめとするさまざまな商品を、注文した次の日には配送してくれるというサービスを提供しており、MBA（Master of Business Administration：経営学修士）の授業などでも成功事例として取りあげられる優れた企業です。
　私たちがもっているアスクルの企業イメージをよく表しているのではないでしょうか。組織の外にいる私たちがそう思うのですから、アスクルの社員の方もこの理念は十分に認識していることでしょう。
　このように、優れた実績をあげている組織の経営理念は、なるほどと思わせるものが多く、建前だけに終わっていないことが特徴として挙げられます。

（3）ビジョンとは将来目指すべき姿

　経営理念を明文化した後には、経営理念に盛り込んだ組織の存在意義を踏まえたうえで、自組織が将来目指すべき姿（ビジョン）を描きます。
　ビジョンを設定することは、経営戦略や経営計画・事業計画を策定するうえで欠かせません。ビジョンを設定することにより、現在の姿とのギャップを把握することができます。このギャップを把握しなければ、組織は次の一歩を踏み出すことができません。ビジョンの次に策定すべき経営戦略は、ギャップを埋めるための作戦であり、経営計画・事業計画は、経営戦略に基づくアクションプランとなるわけです。
　そのためにも、経営理念がその組織の哲学的なものであるのに対して、ビジョンはより現実的なものである必要があります。
　また、ビジョンを示すことにより、組織の職員に対しても、組織が目指す方向をイメージさせることができます。ビジョンが適切に設定できれば、その組織の目的、方向性について共通の意識をもつ

ことができるようになり、職員が個々に力を発揮しながらもビジョンを実現する方向へと力を向けることができるようになるでしょう。

　将来(設定したビジョンが実現する時期)をどの時点に設定するのかは、各組織のおかれている状況にもよりますが、この変革の激しい時代において、10年後の姿を描いたとしてもあまり意味はないでしょう。したがって、3～5年を一つの期間として設定したほうが効果的です。

　なお、経営者は、組織の進む先がビジョンからかい離しつつあると気が付いたときには、組織運営またはビジョンを改めて見直すという判断をする必要があります。ビジョンは、時間が経過するとともに、周りの環境変化や組織の変化などの影響を受けて不明確になることもあります。このような状況になったときは、当初設定したビジョンに固執することなく、ビジョンを見直す良い機会としてとらえ、改めて検討し直すべきでしょう。

(4) 戦略の代表例はポジショニング戦略と経営資源戦略の2つ

　良い戦略とは、他組織との違いをつくった、組織にとって有益なものであるべきです。

　他組織と同じことを行っていれば、陳腐化し競争力を失ってしまいますし、単に違いをつくったとしてもそれに競争上の意味がなければ無駄なものとなります。

　では良い戦略を立てるにはどのようなアプローチがよいのでしょうか。

　これについては、経営学の世界においてもさまざまな意見が出されていますが、大まかに分けると市場でどのようなポジションをとるべきなのかを重視する「ポジショニング戦略」と自組織が保有している資源、ノウハウなどをどのように活用するべきなのかを重視

する「経営資源戦略」との2つに類別されます。

　ポジショニング戦略は、まず市場における自組織のポジションをどこにおくのかを決めてから経営資源を準備するのに対して、経営資源戦略は、自組織がもっている経営資源は何かを整理してから、市場のどのポジションをとるのかという、順番の違いであるともいえます。

　どちらの戦略が優れているというわけではありませんが、自組織の戦略を立案するうえでのヒントとなることも多く含まれていますので、それぞれの戦略について簡単に紹介します。

（5）ポジショニング戦略──どの場所でどのように勝負するか

　ポジショニング戦略について説明します。これは、まず市場を分析し、他組織が市場で提供していない商品・サービスを開発・提供することや、他組織よりも価格面、品質面などで優れている商品を提供することを考えます。このように、市場において自組織の商品がどのような位置取り（ポジショニング）をとるのかを決めるのがポジショニング戦略です。

　アメリカの経営学者であるM.E.ポーターは、ポジショニング戦略において図表1-3-3のとおり、①コストのリーダーシップ、②差別化、③集中──の3つのタイプを示しています。

【図表1-3-3】ポーターの3つの基本戦略

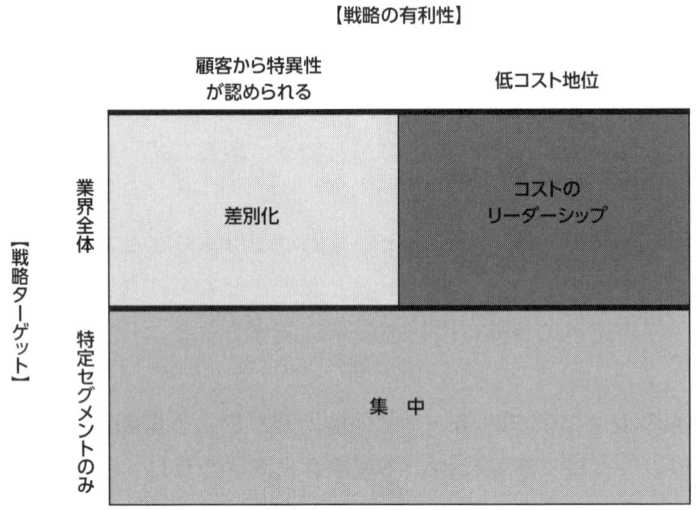

【戦略の有利性】

	顧客から特異性が認められる	低コスト地位
業界全体	差別化	コストのリーダーシップ
特定セグメントのみ	集中	

【戦略ターゲット】

出典：M.E.ポーター『競争の戦略』ダイヤモンド社

コストのリーダーシップ戦略

　コスト面で優位に立ち、大きな市場でシェアを確保し利益を獲得するという戦略です。
　この戦略をとる組織は、自組織の提供商品・サービスの直接・間接コストを厳しく管理し、他組織よりも低廉な価格で商品・サービスを提供することを目指します。

差別化戦略

　自組織の製品・サービスを差別化して、同じ市場の中でも特異とみられる特徴を提供しようという戦略です。ブランド、技術、顧客対応などの面で他組織と差別化することでコスト競争から逃れることができます（コストを無視してよいというわけではありません）。
　この戦略をとる組織は、他組織が追随することが困難な差別化された商品・サービスを提供することを目指します。

> **集中化戦略**
>
> 　特定の市場や製品・サービスに絞り込み、そこに組織の資源を集中的に投入しようという戦略です。コストのリーダーシップと差別化は、市場全体を対象にしているのに対して、集中化は、特定のターゲットだけを対象とすることで、効率的・効果的な取り組みを行うことができます。
> 　この戦略をとる組織は、他組織が対象としにくい（効率が悪いと考えている）特殊な市場を選択し、そこでコストのリーダーシップや差別化を図ることを目指します。

　また、F.コトラーは、次のとおり自組織の市場におけるポジション（①リーダー、②チャレンジャー、③フォロワー、④ニッチャー）によって異なる戦略をとるべきであるとしています。

> **リーダー**
>
> 　リーダーは、その市場で最も大きなシェアを保有している組織です。この組織は価格や流通範囲などで他組織よりも決定権をもっていることが一般的です。
> 　リーダーの戦略としては、市場に革新的な競合製品・サービスの登場など大きな変化がないのかに警戒しながら、全体の市場拡大を図るとともに、市場シェアの維持拡大を行うことが有効とされています。

> **チャレンジャー**
>
> 　チャレンジャーは、その市場のシェアが第2位以下の組織です。
> 　チャレンジャーの戦略としては、次の2つの戦略を選ぶことができます。まず1つ目は、市場シェアを積極的に拡大すべくリーダーを含む競合他社のシェアを奪おうとする戦略です。2つ目は、行動はするが波風をたてない戦略です。リスクは大きいですが、大きな利益を得たい場合は前者を、差別化を図りシェアを拡大しながら、現状の利益を増加させていく場合には後者を選択するのが一般的です。

> **フォロワー**
>
> 　フォロワーは、マーケットリーダーなどが提供している製品・サービスを模倣・改良したものを市場に提供することでシェアを確保している組織です。製品・サービスを新規に開発しないことから、開発コストが低く抑えられます。
> 　フォロワーの戦略としては、製品・サービスやブランドの差別化が困難な市場において、価格競争をおこさないようにしながら製品・サービスを提供することが一般的です。

> **ニッチャー**
>
> 　ニッチャーは、大規模市場でシェアを確保するのではなく、小規模な市場（ニッチ）でリーダーになることを目指す組織です。
> 　ニッチャーの戦略としては、その市場の顧客をよく知ることで、顧客のニーズに応じた商品・サービスを開発し、高い利益率を確保することが一般的です。

　このように、市場においてどのような位置取りをし、その場所においてどのように行動するのかを決めるのがポジショニング戦略です。

(6) 経営資源戦略——自組織固有の武器でどう戦うか

　経営資源戦略について説明します。経営資源戦略では、自組織の資源や能力がどのようなものかをまず分析・把握してからどの市場でどのような商品・サービスを提供するのかを考えます。このように、自組織のもっている固有の資源・能力を確認し、それらが足りない場合にはその能力を優先的に備えようとするのが経営資源戦略です。

経営資源には、ヒト・モノ・カネといった資源と、情報・技術力・ブランドなどといった目に見えない資源とが含まれます。戦略を考える際には、自組織の競争優位性を確保できる資源が何かを把握する必要がありますが、こうした資源は、①購入することができないため自分でつくるしかなく、②つくるのに時間がかかり、③模倣されにくいもの――である必要があります。競争優位性を確保できる資源は、ある組織においては、組織風土や従業員同士のつながりかもしれませんし、別の組織においては、特許技術かもしれません。このように、競争優位性を確保できる資源は組織ごとに異なっているのが通常です。

　したがって、ポジショニング戦略のように市場における自組織の状況に応じた戦略を一般論として示すといったことは困難ですが、経営資源戦略の参考となるエクセレント・カンパニー、コア・コンピタンス経営、ビジョナリー・カンパニーという3つの考え方を紹介します。

> **エクセレント・カンパニー**
>
> 　T.J.ピーターズ、R.H.ウォーターマンによるエクセレント・カンパニーは、優良企業を分析した結果、行動重視と迅速な意思決定、顧客から学ぶ姿勢、自主性と起業家精神、人を通じた生産性・品質向上、基軸事業をぶらさないなどの共通項があり、こうしたマネジメントを行うことの優位性を示しています。
> 　ここから導かれたのが、「5　経営計画・事業計画策定にあたってのフレームワーク」で説明する「7S」という分析ツールです。

コア・コンピタンス経営

G.ハメル、C.K.プラハードは、競争優位性を確保できる資源（コア・コンピタンス）を、次の3つの条件を満たす自社能力として定義しています。
- その資源（技術）が広範かつ多様な市場へ参入する可能性があること
- 資源を利用した製品が顧客にもたらす価値に貢献できること
- ライバルがその資源を模倣するのが困難であること

また、これらの資源を保有することに加え、長期にわたって形成される組織風土を活用した戦略に優位性があるとしています。

こうしたコア・コンピタンスの例として、ホンダのエンジン技術やシャープの液晶技術などが挙げられています。

ビジョナリー・カンパニー

J.C.コリンズ、J.J.ポラスによると、ビジョナリー・カンパニー（長期間優れた実績を残している企業）は、カリスマ経営者に頼っていない、基本理念を確立している、仕事に適した人材が楽しみながら仕事をしているなどの企業文化が存在している組織であるとしています。

　ここで紹介した3つの考え方を踏まえさえすれば、経営資源戦略の立案に即つながるということではありませんが、自組織の競争優位性を確保できる資源が何かを考えるうえでの参考となります。興味がある方は、参考文献（巻末）に掲載しているそれぞれの文献を参照してください。

4 経営戦略、経営計画・事業計画策定に係る分析

(1) 戦略にモデルはないが、分析するための手法は存在

　これまで、経営計画・事業計画の策定における一般的な流れについて説明をしてきました。経営計画・事業計画の策定にあたっては、経営理念、ビジョン、経営戦略を先に策定する必要があることをご理解いただけたでしょうか。

　経営理念、ビジョンは、組織を経営している以上、当然存在しているはずのものですので、経営者の頭の中にあるものを、職員など関係者にわかりやすい形で明文化すればよいでしょう。

　しかしながら、経営戦略についてはそうはいきません。ビジョンと現状とのギャップを埋めるための戦略は、一つではなくさまざまなものがあり、できるだけ有効な戦略を選択する必要があるわけです。そして、これらは各組織で異なっており、モデルとしてひな形などを一律に示すことはできません。

　ただし、戦略を立案するうえでの基礎となる分析手法については、過去にさまざまな組織で活用されてきたものがすでに存在しますので、こうした手法を活用すれば効果的な分析を行うことができるでしょう。

(2) 分析には外部環境分析と内部環境分析

　経営戦略、経営計画・事業計画を策定にするにあたっては、事前に調査・分析を行う必要があります。情報がないにも関わらず、戦略・計画を策定したとしても、現実とかい離している可能性が高く、経営に役立つものとはならないでしょう。

分析には、自組織が市場のなかでおかれている状況を把握するための外部環境分析と自組織の実態について把握するための内部環境分析とがあります。

　外部環境については、日本国内（必要に応じて海外）の政治・経済・法律の動向、人口動態、技術開発状況、他組織の状況、利用者ニーズなどの顧客動向などについて調査・分析します。

　内部環境については、組織文化、組織がもつ特許などの技術力、人材（教育訓練の状況を含む）、収益性などについて調査・分析します。

　こうした外部環境や内部環境について、定量面・定性面の両面から分析を行ったうえで、経営戦略や経営計画・事業計画の策定にとりかかります。

　さて、分析の手法や視点についてですが、環境を把握するためには、インタビュー、アンケート、政府や研究所などが発表している資料分析などを行います。また、分析した結果を整理するためのフレームワークとして、SWOT分析や3C分析などのツールがあり、分析結果を踏まえて計画を策定し実績を評価するための仕組みとしてBSCなどが存在します。

　これらのフレームワークについては次項で紹介することとします。

5 経営計画・事業計画策定にあたってのフレームワーク

（1）フレームワークは戦略・計画策定のための手段

　この項では、経営戦略、経営計画・事業計画策定にあたってのフレームワークを紹介します。これらのフレームワークは分析を行うことや、戦略・計画を策定するうえで有用なものですが、なぜそのフレームワークを使用するのか、どのフレームワークが自組織に適したものなのかを明確にしてから活用することが大切です。戦略・計画の策定にあたって、これらのフレームワークすべてを活用するのではなく、自組織に適したものを活用しなければなりません。

　フレームワークはあくまで、良い戦略・計画を策定するための手段です。フレームワークに振り回されることなく、自組織の意思でもって戦略・計画を策定してください。

　介護事業における具体的な使用方法などについては、次章以降で紹介することとします。

（2）SWOT分析は強み・弱み・機会・脅威を整理するツール

　分析フレームワークとして、もっとも有名なものはこのSWOT分析かもしれません。すでにご存じの方も多いかとは思いますが、念のためここで説明しておきます。

　SWOTは、Strengths（強み）、Weaknesses（弱み）、Opportunities（機会）、Threats（脅威）の頭文字をとったもので、それぞれを**図表1-5-1**に沿って整理する分析ツールです。

　組織の強みと弱みはその組織の内部環境を、機会と脅威はその組織を取り巻く外部環境を分析するのに使用します。自組織の内部・

【図表1-5-1】SWOT分析

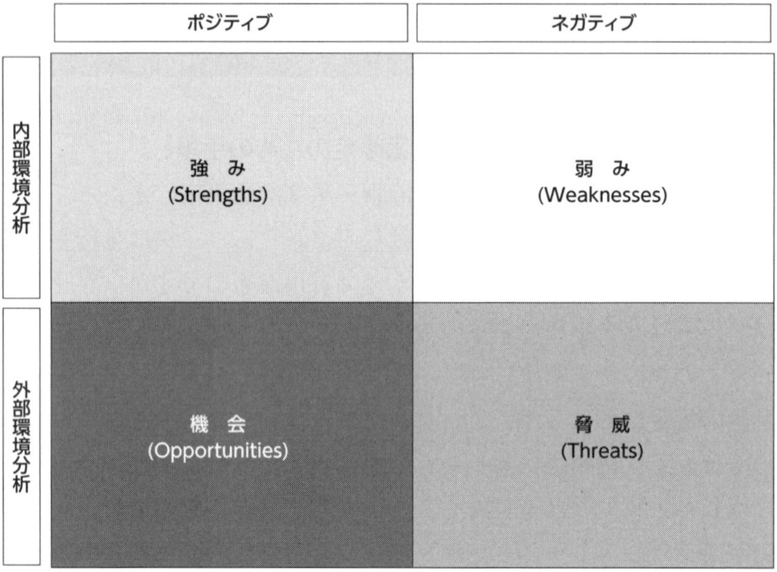

	ポジティブ	ネガティブ
内部環境分析	強み (Strengths)	弱み (Weaknesses)
外部環境分析	機会 (Opportunities)	脅威 (Threats)

外部環境を整理し、この表を埋めることで、自組織が置かれている状況を整理することができます。

　なお、強みと弱み、機会と脅威は裏腹の関係にありますが、自組織以外のA社に対しては強みであっても、他のB社に対しては弱みとなるようなケースも存在します。どのフレームワークにも共通することですが、SWOT分析を行う際には、特に分析目的を明確にして行うことが求められます。

　ここでお気づきの方もいるかとは思いますが、このSWOT分析は、単に状況を整理するだけのものですので、この表を作成しただけでは解決策は出てきません。それを補完するための理論がTOWSマトリクスです(図表1-5-2)。

　このマトリクスは、SWOT分析で得られた情報をもとにどのよ

【図表1-5-2】TOWSマトリクス

	強み	弱み
機会	機会と強みの最大化 maxi-maxi	弱みの最小化 機会の最大化 mini-maxi
脅威	強みの最大化 脅威の最小化 maxi-mini	弱みと脅威の最小化 mini-mini

出典：Weihrich, H, "The Tows Matrix: a tool for situational analysis", Long Range Planning. 一部改変

うな戦略・計画を立てればよいのかのヒントを得るために考え出されたものです。

例えば、機会と強みで挙げられた項目が次のとおりだったとしましょう（TOWSマトリクスの左上の枠）。

強み（内部環境分析）：A特許の保有、組織の会員数
機会（外部環境分析）：ライバルB社の日本市場撤退、円高による原料コスト低下

その場合にそれぞれの項目をかけあわせます。この場合ですと、
・A特許の保有×B社撤退
・組織の会員数×B社撤退
・A特許の保有×原料コスト低下

・組織の会員数×原料コスト低下

の4パターンがうまれます。このパターンごとにそれぞれ効果を最大化（拡大戦略）することを考えるものです。

　もし、弱みと機会であれば、弱みを最小化しながら機会を最大化する方法（薄利多売などによる拡販戦略）を、強みと脅威であれば、強みを最大化しながら脅威を最小化する方法（特定市場への対応戦略）を、弱みと脅威であれば、それぞれを最小化する方法（縮小・撤退戦略）を考えることとなります。

（3）アンゾフ・マトリクスはとるべき戦略を示唆

　アンゾフ・マトリクスは、H.アンゾフにより開発されたどのような成長戦略をとるべきなのかを分析するためのツールです（図表1-5-3）。

　組織を取り巻く市場の状況と組織が提供している製品・サービスの状況によってどのような戦略をとるべきなのかを示しています。

【図表1-5-3】アンゾフ・マトリクス

	既存製品・サービス	新規製品・サービス
既存市場	市場浸透	製品・サービス開発
新規市場	市場開拓	多角化

出典：H.アンゾフ『戦略経営論』中央経済社、一部改変

図表中のそれぞれの区分においてとるべき戦略は次のとおりです。
①市場浸透
既存市場において既存製品・サービスを提供する場合にとるべき戦略です。顧客の購買頻度向上などにより、既存市場を掘り下げる戦略を検討することが有効です。
②製品・サービス開発
既存市場に新規製品・サービスを提供する場合にとるべき戦略です。既存の顧客に新商品・サービスを提供することはもとより、既存の製品・サービスにオプションを付帯したり、関連製品を提供するなどの戦略を検討することが有効です。
③市場開拓
既存製品・サービスを新規市場に提供する場合にとるべき戦略です。国内ではなく国外の市場へ目を向けることや、すでに提供している製品・サービスを、新たな市場に別の用途として提供（自動車のバッテリー技術を家庭用蓄電池へと転用するなど）する戦略などが有効です。
④多角化
新規市場に新規製品・サービスを提供する場合にとるべき戦略です。コンビニエンスストアがその立地をいかして、銀行業を行うなど、他事業に参入する戦略が有効です。

（4）PPMは自組織の事業状況を把握するためのツール

コンサルティング会社のボストン・コンサルティング・グループにより開発されたのが、PPM（Product Portfolio Management：プロダクト・ポートフォリオ・マネジメント）です。

PPMは、提供している製品・サービスを、成長/市場シェアマトリクスとして市場成長率と相対的市場シェアにより区分し、組織が

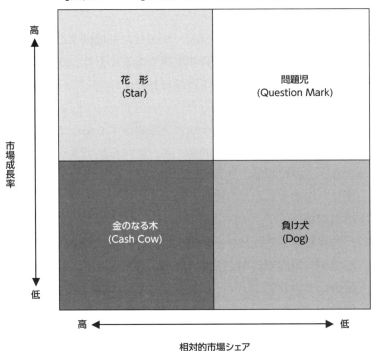

【図表1-5-4】成長/市場シェアマトリクス

出所:ボストン・コンサルティング・グループ

とるべき戦略を決定するためのものです(図表1-5-4)。

図表中のそれぞれの区分に配置された事業の特性は次のとおりです。

①金のなる木

市場成長率は低いですが、市場シェアが高いためコストをかけずに収入が得られる事業です。現状は資金源となっている事業ですが、市場成長率が低いため、将来は負け犬に移行する可能性があります。

②花形

　市場成長率が高いため、他組織の新規参入が激しくシェア獲得のためコストがかかりますが、収入も大きい事業です。市場シェアを維持し続けることができれば金のなる木になりますが、維持できなければ問題児へと移行する可能性があります。

③問題児

　市場成長率は高いのですが、市場シェアが低いため費用対効果が悪い事業です。市場シェアを高めることで花形へと移行する可能性があります。

④負け犬

　市場成長率、市場シェアともに低い事業です。改善の見込みが低いのであれば、縮小・撤退する必要があります。

　PPMは、自組織が行っているさまざまな事業がどの区分に当てはまるのかを分析し、どの事業に資源を投入するのかを決めるためのツールとして活用できます。

（5）PEST分析と5forces分析は外部環境分析に有効

　外部環境分析を大きな視点から行うときは、PEST分析が有効です。PESTは、Politics（政治）、Economic（経済）、Social（社会）、Technology（技術）の頭文字をとったもので、PEST分析は、この4つの観点から漏れがないように外部環境分析を行います。

　それぞれで分析される項目は次のとおりです。

Politics（政治）	政治動向、法律改正、規制緩和　など
Economic（経済）	経済動向、株・為替市場動向、GDP　など
Social（社会）	消費者動向、少子高齢化　など
Technology（技術）	革新的な技術開発、特許　など

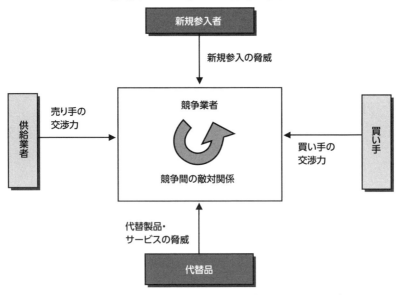

【図表1-5-5】5つの競争要因

出典：M.E.ポーター『競争の戦略』ダイヤモンド社

　PEST分析のほかにも、M.E.ポーターによる5forces分析が外部環境分析としてよく利用されます(図表1-5-5)。

　これは次の5つの競争要因を分析することで、自組織が競争している市場の状況を把握しようとするものです。

①**新規参入者**
　　新規参入がしやすい市場なのかの観点
②**競争業者**
　　すでに市場に参入している他組織との力関係はどうなのかの観点
③**代替品**
　　他組織による革新的な技術や他の市場で流通している商品・サービスに取って代わられる可能性があるのかの観点

④買い手

商品・サービスの購入者は、値下げなどの要求をしやすいのかの観点

⑤供給業者

原材料などの納入業者は、値上げなどの要求をしやすいのかの観点

この5つの競争要因が自組織にとって厳しいものであればあるほど、その市場で収益を得ることは困難となります。

PEST分析、5forces分析はいずれも外部環境を整理するためのツールです。この視点で分析を行った後に、SWOT分析などを行い自組織の強み・弱みを踏まえて戦略・計画を立てるとよいでしょう。

(6) 3C分析は、市場・競合・自組織の3つの視点からの分析

3C分析は、環境分析をCustomer（市場〈顧客〉）、Competitor（競合）、Company（自組織）の3つのCから分析する手法です（図表1-5-6）。

顧客と競合が外部環境分析、自組織が内部環境分析に相当し、それぞれの分析の視点は次のとおりです。

①市場（顧客）

自組織の製品・サービスを購入・利用しようとする顧客層を把握します。市場規模や市場成長率、顧客ニーズなどに着目します。

②競合

競争相手の状況について分析します。市場シェアやその市場への参入障壁度、競争相手の強み・弱みなどに着目します。

③自組織

自組織の状況について分析します。自組織の経営資源を把握

【図表1-5-6】3C分析

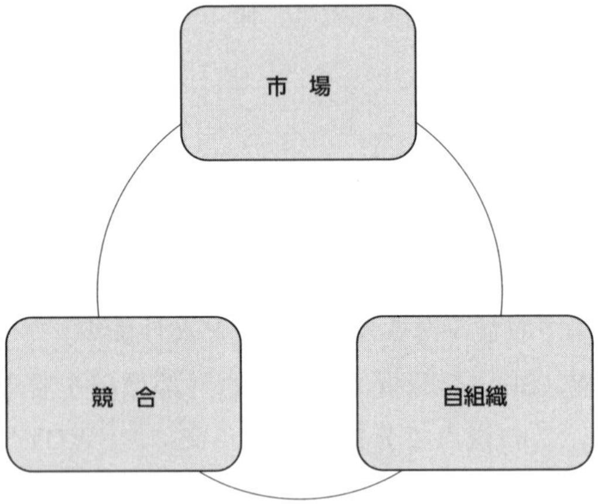

```
      市 場

競 合        自組織
```

することはもとより、ブランドイメージや技術力などについても着目します。

　この3つのCは相互に影響しあうものです。例えば、顧客ニーズについては、顧客ニーズに応えられるだけの経営資源が自組織にあるかどうかに繋がりますし、競合の強みは自組織の弱みに繋がります。分析を行うにあたっては、この3つのCごとに行った分析結果間に齟齬がないようにする必要があります。

(7) バリューチェーン分析は、組織活動を機能別に分析

　M.E.ポーターによるバリューチェーン分析は、マージン（利益）が生み出されるまでの組織における活動をチェーン（連鎖）として捉え、それらの活動のコストと成果を分析し、競合他社との状況を比較するためのツールです（図表1-5-7）。

　活動は、基本活動と支援活動に分けられ、基本活動は顧客への製品・サービスの提供に直接つながる活動、支援活動は基本活動を支

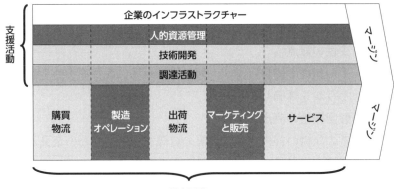

【図表1-5-7】バリューチェーン分析

出典：M.E.ポーター『競争の戦略』ダイヤモンド社

えるための活動です。図表1-5-7で実際に行っている活動を機能的に分解し、活動ごとの費用対効果を把握することで、組織の強み・弱みを把握することができます。

この分析方法は、組織単体としてとらえたものですが、これを供給者などの外部も含めて包括的に分析する手法がいわゆるサプライチェーンマネジメントといわれているものです。

(8) VRIO分析は組織の内部資源を分析するフレームワーク

J.B.バーニーが提供したVRIO分析は、組織がもつ資源が、持続的な競争優位性をもつものなのかどうかを判断するための分析です。VRIOは、Value（経済価値）、Rarity（希少性）、Inimitability（模倣困難性）、Organization（組織）の頭文字をとっており、それぞれの観点から評価することで、バリューチェーン分析などにより把握した自組織の経営資源が、競争優位に繋がるものなのかどうかを分析することができます。それぞれの観点は次のとおりです。

①経済価値の観点
　その組織の経営資源が、脅威や機会に適応することができ、顧客にとって価値をもたらすのかどうかを評価します。
②希少性の観点
　その組織の経営資源が、他の組織が手に入れやすいものなのかどうかを評価します。
③模倣困難性の観点
　その組織の経営資源と同等の資源をもっていない企業が、その資源を模倣しやすいのかどうかを評価します。
④組織の観点
　その組織が、①から③までの観点を満たした経営資源を有効に活用できる態勢を構築しているのかどうかを評価します。

(9) ベンチマーキング分析はベストプラクティスから学ぶ手法

　ベンチマーキング分析は、他組織の優良事例をベストプラクティスとして分析し、その手法を自組織に取り入れる手法です。

　有名な例としては、コピー機製品などの販売を行っているアメリカのゼロックス社が在庫管理業務をアウトドア用品のL・L・ビーン社に、代金請求業務をクレジットカード会社のアメリカン・エキスプレス社に学び、自組織の業務に取り込んだことで、業績を回復したとの事例があります。

　ベンチマーキング分析を行うには、次の順番で対応することが一般的です。

①自組織の業務状況を分析
②分析結果をもとに業績を改善したい部分を選定
③ベンチマーク対象企業を選定
④ベストプラクティスの抽出

⑤ベストプラクティスの対象企業の調査（可能であれば訪問・情報交換）
⑥調査結果の自社への取り込み
⑦取り込んだ結果についてのフォローアップ

(10) 7Sは超優良企業から抽出した7つの成功要因

7Sとは、エクセレント・カンパニー（超優良企業）に共通するとされた7の成功要因です。これは、コンサルティング会社のマッキンゼー・アンド・カンパニーにより提唱されました（**図表1-5-8**）。

7Sは、次のとおりハードのSとソフトのSに分かれています。

【ハードのS】
　①Strategy　（戦略）
　②Structure　（組織構造）
　③Systems　（組織運営）

【ソフトのS】
　④Shared Value　（共通の価値観）
　⑤Style　（スタイル）
　⑥Staff　（人材）
　⑦Skills　（スキル）

ハードの3つのSは、組織が決定さえすれば変更しやすいものであるのに対して、ソフトの4つのSは、価値観といった目に見えないものが関係する要素でもあり、変更することは難しいといえます。

こうしたことから、組織は改革を行うとするときに、変更しやすいハードのSから手をつけがちですが、「共通の価値観」を中心としたソフトのSがついてくるように改革を行うことが重要です。

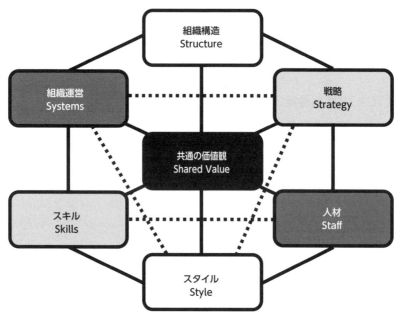

【図表1-5-8】マッキンゼーの7S

出所：マッキンゼー・アンド・カンパニー

　例えば、業績向上のため部署の大幅な見直し（組織構造の改革）を行ったとしても、なぜその見直しを行ったのかを職員に理解（人材の改革）させ、また見直し後の部署で必要な能力を明確にし、教育訓練（スキルの改革）を行わなければ、その改革は中途半端なものになるでしょう。

　このように7Sの間で有機的に改革を行うことが、エクセレント・カンパニーへの道となるのです。

(11) BSCは目標を評価指標に落とし込むマネジメントシステム

　BSC（Balanced Score Card：バランスト・スコアカード）は、さ

まざまな戦略上の目標を評価指標に落とし込むことで経営を行うマネジメントシステムです。

通常、組織における目標は、利益率などの財務面の目標に偏りがちです。BSCはビジョンと戦略を明確にしたうえで、4つの視点（顧客、財務、イノベーションと学習、社内プロセス）から経営を評価します（図表1-5-9）。

BSCの策定は次の手順で行います。

①**ビジョンの設定**

　ビジョンを設定していない組織は新たにビジョンの設定を、ビジョンがすでにある組織はビジョンを見直し、必要に応じて再構築します。

②**戦略目標（戦略マップ）の設定**

　ビジョンが実現したらどのように変わるのかを検討し、4つの視点ごとに設定します。それぞれの視点から設定した戦略目

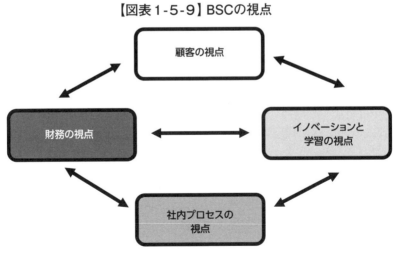

【図表1-5-9】BSCの視点

出典：ロバート・S.キャプラン、デビット・P.ノートン『戦略バランスト・スコアカード』東洋経済新報社、一部改変

標のバランスをとることが重要です。

③重要成功要因 (CFS) の設定

ビジョンと戦略目標が達成されるための重要成功要因(CFS:Chief Factor for Success)を設定します。重要成功要因は、戦略目標が達成されたと判断できる要因です。例えば、安定的な経営を戦略目標に設定した場合、決算が黒字であることなどが重要成功要因として設定されます。

④業績評価指標 (KPI) の設定

重要成功要因が達成されたと判断するための指標として業務評価指標(KPI:Key Performance Indicators)を設定します。この指標は、なるべく目標値として定量的に設定し、判断基準を明確にする必要があります。上の例に従って、決算が黒字であることが重要成功要因と設定されている場合であれば、業績評価指標に経常利益率を、数値目標としてその目標値(例えば3%)を設定します。

⑤BSCの導入・フォローアップ

①から④までの設定ができれば、BSCを社内に周知し導入します。導入後は、定期的に業績評価指標が達成されているのか(達成されそうなのか)をフォローアップし、必要に応じて重要成功要因や業績評価指標を見直します**(図表1-5-10)**。

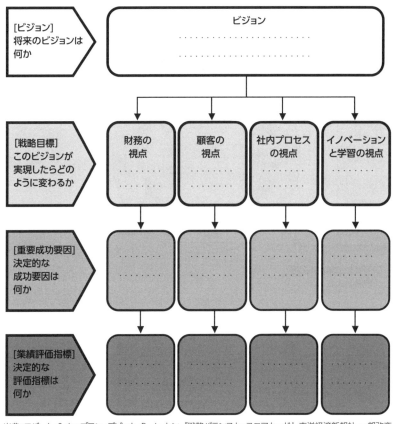

【図表1-5-10】BSCの作成

出典:ロバート・S.キャプラン、デビット・P.ノートン『戦略バランスト・スコアカード』東洋経済新報社、一部改変

(12) ISO9001は品質を管理するために必要な要素を定めたマネジメントシステム

　品質マネジメントシステムは、顧客満足の向上を目指し、提供するサービス（業務）の品質に関する組織の方針や目標、仕事のやり方を定め、その目標を達成するために組織を管理するための仕組みです（図表1-5-11）。

【図表1-5-11】ISO9001におけるPDCAサイクル

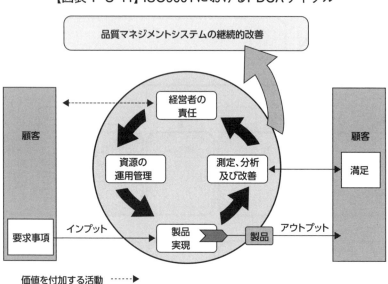

出典:『JIS Q9000(ISO9000)品質マネジメントシステム—基本及び用語』日本規格協会

　ISO9001は、国際標準化機構が1987年に制定・発行した品質マネジメントシステムの国際規格で、日本においては、JIS Q9001として翻訳・制定されています

　この規格では、製品・サービスに信頼性を与えるために組織が構築すべき「経営管理の仕組み」の標準的なルールが要求事項として定められています。その主な特徴は次のとおりです

　①ＰＤＣＡサイクルの採用による継続的改善の推進
　②顧客重視
　③あらゆる規模及び業種に適用可能

　ISO9001に基づく品質マネジメントシステムは、戦略・計画の

策定に直接結びつくわけではありませんが、品質方針、品質計画の策定、PDCAサイクルの考え方の適用など、戦略・計画を実行していくうえでの管理ツールとして活用することができます。

評論家になるな！

　人には分析することを好む傾向があります。

　パズルや暗号を解いたときにすっきりするように、複雑に絡み合った事象を分析し、ある法則に従って整理できたとき、ある種の爽快感を得た経験がある方は少なくはないでしょう。

　経営計画・事業計画の策定時に外部環境や内部環境の分析を行ったときも同種の爽快感を得ることがあります。

　自組織の状況を、フレームワークを活用して分析し、フレームワークの枠の中に整然とおさめると、それだけで仕事が終わったような気になるものです。

　一方で、人には変化を嫌う傾向もあります。

　変化により将来が見えなくなることが、心理的ストレスとなるため、現状のままでいたいとの欲求をもつのでしょう。

　このような傾向からでしょうか。組織のなかには、「あいつは評論家だ」というような指摘をされる人がいます。

　ここでいう「評論家」とは、自組織（自分）の業務であるのにもかかわらず、物事を他人事として捉え、分析は行いますが、分析した結果をもとに行動に移さない人のことを指します。

　評論家のなかには、物事を分析したうえで、実行に移さない理由をみつけてくるのが得意な方までいます。

　自組織の分析は、いうまでもなく経営戦略、経営計画・事業計画を策定し実行するために行うものです。分析を行う際には、評

論家になることなく、常に次に行動に移すことを意識しながら行うことが大切です。

介護事業者における経営計画・事業計画のつくり方

　この章では、第1章で紹介した経営計画・事業計画の基本的な考え方を用いて、介護事業者が経営計画・事業計画を策定する際のポイントについて説明をしていきます。

1 介護事業者における経営計画・事業計画の重要性

(1) 経営という意識が浸透してない業界

　一般企業における経営計画・事業計画の必要性についてはすでに第1章で述べたところですが、その本質は介護事業者においても特段異なるものではありません。

　つまり、介護事業者が策定する経営計画・事業計画も、その策定過程を通して戦略の見直しや精度の向上に資するものでなければならないし、策定された経営計画・事業計画は法人内部の組織マネジメントや、銀行など外部関係者への説明にも役立つものでなければ意味がないわけです。

　ところが、いざ介護事業者の方々に話を聞いてみると、「毎年の事業計画はあるけれど中長期の経営計画は策定していない」という声や、「事業計画書は新しく事業所を開設する際に、銀行から融資してもらうために税理士さんに作成してもらっている」、「うちの事業計画書は予算書のこと」といったもの、果ては「事業計画なんて会社を立ち上げた時以来つくっていない。あとは私の頭の中にあるから大丈夫！」といった、なんともヒヤリとするものまで登場します。

　このように、経営計画・事業計画を腰を据えて策定し、なおかつ、その役割を理解・活用できている介護事業者は多くはないのが実情のようです。

(2) 措置制度下における意思決定の欠如

　ではなぜ、これまで経営計画・事業計画という存在が、しっかりと介護事業者に浸透してこなかったのでしょうか。

一つには介護業界の成り立ちが関係していると考えます。

介護保険制度がスタートする以前、高齢者に対する社会的な支援は、措置事業として実施されていました。

これは措置権者（支援の実施機関である行政）が支援の必要な高齢者を社会福祉施設へ入所させるなどの措置をするものであり、措置という事実に基づき支弁される「措置費」という財源によって、事業運営がなされてきたものです。

この措置事業の実施主体は、主に社会福祉法人でした。

社会福祉法人の運営は「護送船団方式」と呼ばれてきたように、行政官庁の指導下において規制され、同時に保護されて、実施されてきた経緯があります。

運営財源として施設に入金される措置費は、その積算の対象とされた費用項目にのみ使用が認められ、他の費用項目への流用は認められないといったルール（例えば事業費として積算され、収入した金銭は、入所者の処遇のためだけに支出をし、職員の人件費や管理費には支出できないなど）や、1年間の運営の結果として一定の余剰金が発生することは原則として認めないといったルールなど、多くの規制のもとに行われてきました。

「事業の運営に必要な分だけ支弁している。よって、お金が余るということは適切な処遇が行われていないということ。お金が足りないということは無駄なことが行われているということ」

極端に言えば、これが当時の措置制度下における事業運営の考え方でした（図表2-1-1）。

【図表2-1-1】措置制度下における収支の考え方

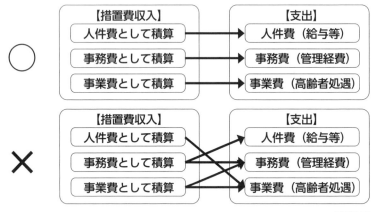

著者作成

　このように当時、高齢者に対する支援のメインプレーヤーであった社会福祉法人の運営は、行政によって定められたことを、そのとおり忠実に実施することが何より重要であり、そこに事業運営者の経営的判断が介在する余地はあまり大きくありませんでした。

　千葉正展氏（『福祉経営論』2006）の言葉を借りれば、「<u>組織目的達成のための経営資源の投入に関する『意思決定』については、措置制度の時代では、この支出対象経費の区分管理が厳然として存在し、組織経営者の裁量の幅が極めて限定されていたのである</u>。組織の経営に当たる者が、その組織にある経営資源の投入について意のままになる（裁量性が及ぶ）こと、一見当たり前のようなこの命題も、実は社会福祉の分野では戦後長い間当たり前ではなかったのである。このことが、『<u>社会福祉の分野には経営がない</u>』とされてきた大きな理由」（下線著者）であり、であるからこそ、「意思決定」を表明するものとしての経営計画・事業計画の概念そのものが、社会福祉法人の事業運営者においてはおおよそ欠落していたわけです。

（3）経営に関する教育を受けてこなかった経営者

　経営計画・事業計画が浸透してこなかったもう一つの理由は、介護事業者のキャリアにあると考えます。

　「高齢者の介護」という仕事に就く方は、高齢者の方により良い人生を送っていただくために、高齢者の方との関わりを通して彼らの生活を支えたい、お手伝いしたい、という、「福祉的」動機に基づいて介護業界に入って来られる方が多いはずです。

　彼らを動かす原動力は、例えば「高齢者の笑顔」であり、「感謝の気持ち」であり、「使命感」です。

　そこには、「経営」や「戦略」、「競争」などといったワードは無力であるばかりか、もはや「悪」であるという風潮さえ漂います。

　また、福祉系の大学や専門学校を出ていたり、社会福祉士や介護福祉士といった資格を保有している方は多いのですが、経営学部出身者やMBAホルダーの介護職員はまだそう多くはないでしょう。

　しかし、そうした「福祉的」動機で介護業界に入って来られた方々も、年次を重ねるにつれ、徐々に管理業務の割合が増えていき、事業所全体の管理を任されるようになる方もいるかもしれません。

　実際に現在特養などの施設長をされておられる方々の中には、現場の介護スタッフから介護主任、相談員を経て施設長に就任するという経歴を歩まれた方も多いのではないでしょうか。あるいは、自らの求める理想の介護を実現するために会社を創業する方もおられるかもしれません。

　つまり、自ら創業された方も含めて管理者層または経営者層におられる方々は、社会福祉士や介護福祉士等の介護資格や介護に関する専門的知識、技術を有し、現場での多くの経験を携え、介護福祉に対する熱い想いや志をもって、畑違いの「ケイエイ」という戦場

に放り込まれてきたわけです。

　たしかに、これまでの専門的知識や技術、経験、想いや志が役に立たないわけではありません。むしろそうした現場の知見が、より具体的で実効性のある経営に繋がっていくものです。

　しかし、いわば「介護現場からのたたき上げ経営者や管理者」が現在の介護業界での多数派であるということは、おおよそ間違いのない事実であると思いますし、良くも悪くもそうした事実が、これまで介護業界において経営計画や事業計画を真に活用するというところまで至っていない理由の一つではないかと考えます。

（4）介護保険制度のスタートでさまざまなプレーヤーが参入

　2000（平成12）年にこれまでの措置制度に代わって介護保険制度が導入されました。これまでの規制が大きく緩和されたことにより、さまざまな法人格のプレーヤーが介護業界への参入を加速させています。特に株式会社をはじめとする営利法人立の介護事業所数の増加は、業界の勢力図を塗り替えることとなりました。

　営利法人立の介護事業所数は、2000年以降急激に増加を続け、例えば、2000年時点では2,975事業所であった営利法人立の訪問介護事業所は、2013（平成25）年では17,006事業所にまで増加しており、メインプレーヤーであった社会福祉法人立の訪問介護事業所数を2003（平成15）年には抜き去っています。

　同様に、2000年時点では364事業所のみだった営利法人立の通所介護事業所は、2013年には18,675事業所まで増加し、社会福祉法人立の通所介護事業所数を2009（平成21）年に抜き去っています。

　また、2013年の総事業所数はどちらのサービスも介護保険制度導入時に比べ、3～4倍の数にまで達している状況がみてとれます（図表2-1-2）。

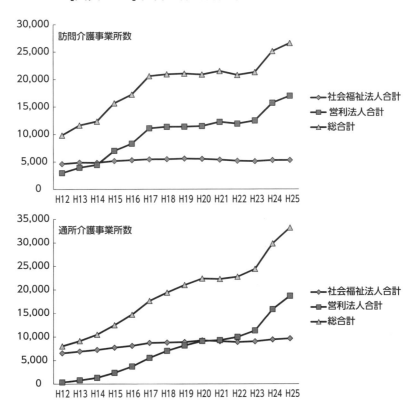

【図表2-1-2】経営主体別介護事業所数の年次推移

出所:厚生労働省「平成12〜25年介護サービス施設・事業所調査」をもとに作成

(5) いかなる法人格においても計画書が必要不可欠な時代

　かくして「介護」という業界は、これまでの行政規制のもとにつくられ、保護されてきた「ブルーオーシャン（競争のない蒼い海）」から、多くのプレーヤーがしのぎを削る「レッドオーシャン（競争の激しい血の海）」へと変わっていくこととなります。

一躍、介護サービス（主に在宅系サービス）のメインプレーヤーとなった株式会社などの営利法人に対し、これまで経営を意識してこなかった社会福祉法人の経営者も同じ土俵で戦うことになりました。

　また一方で、一部の大手介護事業者をのぞき、その大多数が資本金1千万円以下の規模である営利法人立の介護事業者にとっても、社会福祉法人や医療法人という巨人の住む寡占市場へのアタックはそう容易なものではありません。

　いかなる法人格においても、自らの立ち位置を冷静に俯瞰し、多くの競合他業者や協力・連携者の動向を見極め、制度や市場の変化を読み取らなければ、すぐに事業の存続も危うくなります。

　介護報酬の減額改定や人材不足、利用者ニーズの多様化など、荒れ狂う大海原への航海に向けて、どの介護事業者も経営戦略が重要であり、経営計画書や事業計画書という名の「航海図」が必要不可欠な時代が到来しているわけです。

2 介護事業者の特殊性を理解する

(1) 目的によって異なる経営計画書・事業計画書の表し方

「介護事業者がしっかりと経営を意識すること」

まずはこの意識が大事であり、現在の介護業界を取り巻く環境を考慮すると、経営から目を逸らしてやり過ごすことが、もはやできない状況であること、そして法人の目指すべき方向への具体的アクションの精度を高め、発展・成長の道筋を内外に表明するものとして、航海図たる経営計画書や事業計画書を作成する必要があることはご理解いただけたかと思います。

しかし、一口に経営計画書・事業計画書といってもその記載内容を見ると、実にさまざまです。

事業を営む以上は、街の喫茶店から世界中で活動を行うグローバル企業まで、すべての業態・規模の法人において経営は存在しています。

ゆえに、経営計画書・事業計画書はすべての法人で作成されているべきものですが（実態はなかなかそうもいきませんが）、記載されている内容は、それぞれの業態の特徴や活用目的などによってその深さも広がりも異なってきます。

例えば、上場企業の経営計画書として私たちが目にするものは、「中期経営計画」と題した株主向けのレポートやプレゼンテーション資料です。

これらの企業は、この経営計画書を企業外部のステークホルダー（利害関係者）に対し、企業の現状を報告するとともに、3～5年先の目指すべき姿を示し、その実現に向けた具体的取り組みを宣言す

ることで、企業価値を高めることに活用します。

　よって、ここで記載される内容は、いわば未来のサクセスストーリーであり、これによって機関投資家や金融機関などの外部の利害関係者の信頼や納得を勝ち得る必要があるのです。

　そのため、【海外拠点におけるブランド確立】や【市場プレゼンスの向上】といった、どちらかというと概括的でメッセージ色の強いワードが全面に押し出されており、聞こえが良く、かつ視覚的にもわかりやすい資料が多いように思います。

　しかしながら、同じものを街の喫茶店が作成しても、あまり意味がないでしょう。

　この喫茶店の外部説明の対象者は地元の銀行や信用金庫かもしれませんし、会社の経営状況や外部環境を彼らに知ってもらい、数年先に予定している店舗の建て替えに対する支援をお願いすることに経営計画書を活用しようとする場合には、その経営計画書に記載する内容は、法人の数年間の財務状況推移や近隣の環境変化予測、建て替え理由、建て替えによる効果、3〜5年先までの予想損益など、銀行や信用金庫の担当者が納得できる情報を中心に記載すべきでしょう。

　つまり、経営計画書は、どういった相手に対して何を説明するのかによって、表現の仕方や内容の深さは大きく異なってくるものなのです。

　しかし、ここで注意していただきたいのが、上場企業の経営計画書は単に外部向けの概括的なものをつくればよいという意味ではなく、そのベースには、年度・事業部ごとの詳細な数値計画やスケジュールなどが当然に立てられているはずですし、反対に、喫茶店の経営計画書も、あくまでも理念やビジョンに基づいた事業全体の大きな方向性が経営計画として示されたうえでの詳細な記載となっ

ているはずであるということです。

　経営計画・事業計画とはその名のとおり、その経営や事業の今後の計画であり、法人の内外に対してその活動予定を説明し、納得していただくためのものです。

　よって、どういった業態・規模であれ、計画の策定において、検討すべき事項が変わるものではなく、最終的に「誰に」「何を」「どのレベルで」伝えるのかの味付けが各々違うと理解してください。

(2) 経営計画書・事業計画書が伝えるべきもの

　では、介護事業者が作成する経営計画書・事業計画書はどういった味付けのものになるのでしょうか。事業の特殊性や利害関係者の特徴を意識しながら検討してみましょう。

　まず、「誰に」伝えるのかという視点で見てみると、経営計画・事業計画策定の3つの目的のうち、「ビジョンの具現化に伴う戦略・計画の精緻化」と「職員のモチベーション向上や進捗管理などの組織内部マネジメント」については法人内部の役職員、「外部の利害関係者への説明責任の遂行」については外部関係者が伝える相手先として存在することとなります。

　法人内部の役職員であれば、その相手は法人をマネジメントしていかなければならない「経営者層・管理者層」と、法人で働くすべての「職員」です。

　外部関係者であれば、債権者である「金融機関」、監査監督権限を有する「所轄行政」、消防団・自治会・ボランティアなどを含む「地域住民」、協力医療機関・地域包括支援センター・居宅介護支援事業所などの「協力・連携先」などが挙げられます。「日本国民」も広義の外部利害関係者ですし、忘れてはいけないのが実際にサービスの提供を受けている「利用者本人及びその家族」でしょう。

それではそうした相手先に対して「何を」伝えるべきなのでしょうか。伝える内容は情報の受け手がその意思決定判断において有用な情報である必要があります。

情報の受け手ごとに伝えるべき内容を一覧にすると**図表2-2-1**のようになります。

【図表2-2-1】誰に何を伝えるか

誰に		何を伝えるか
内部	経営者層・管理者層	計画や重点課題などを意識させると同時に、目標に対する担当部署や担当者の取り組みスケジュールを把握し、その進捗管理ができる情報
	全職員	所属する法人の存在意義や理念を再認識でき、現在の法人の状況や今後の進むべき方向性、具体的な取り組みの活動予定について理解ができる情報
外部	利用者本人及びその家族	新たな介護サービスメニューや福祉機器の導入、職員の育成・教育計画など、法人のサービス向上に対する取り組みや、事業所内での年間行事計画などが把握できる情報
	地域住民	これまでの事業展開の歴史、事業の種類と内容などの法人情報と、地域との交流イベント計画や地域貢献の取り組みなど、法人の活動がより理解できる情報
	協力・連携先	新たな介護サービスメニューや福祉機器の導入、職員の育成・教育計画など、法人のサービス向上に対する取り組みが把握できる情報
	金融機関	介護業界を取り巻く環境や今後の見通し、法人のこれまでの事業展開の歴史や財務状況推移など概略を理解できる情報と、新たな事業展開の具体的計画と損益見込みなど、債権管理や融資判断に資する情報
	所轄行政	法人のガバナンス向上やコンプライアンス強化への取り組み、介護サービス向上の取り組み、職員の労務管理、地域貢献の取り組みなど、法人としての存在意義や社会的役割について理解できる情報
	日本国民	法人のガバナンス向上やコンプライアンス強化への取り組み、地域貢献の取り組みなど、法人としての存在意義や社会的役割について理解できる情報

また、これらの内容をどのレベルで伝えるのか、つまり、相手の納得を得られる内容の深さはどの程度なのかを検討する必要があります。

　例えば、融資を検討している金融機関は、介護事業者から提出された経営計画書や事業計画書の中に○円、○件、○％といった具体的な数値の記載が一切なかったとしたら、ものの数分で融資相談を終了してしまうかもしれません。

　また、利用者本人やその家族は、いつどんな行事を事業者が行うのかが記載されたページを真っ先に探すかもしれません。

　社会福祉法人の理事などは、法人内の一事業所の少額物品購入計画は後回しにし、介護業界の大きなトレンドと、法人の経営戦略の整合性のチェックをして、顔色を変えるかもしれません。

　つまり、相手先に伝えるべき情報の深さや範囲も、それら情報の受け手のニーズによって変わってくるものであり、それに応じた経営計画書や事業計画書の様式が求められるものです（図表2-2-2）。

　しかしこれは「相手によって言っている内容が違う」という、二重帳簿的な意味ではなく、あくまで伝えるべき深さや範囲が異なっているだけにすぎません。

【図表2-2-2】伝える範囲は受け手のニーズによって変わる

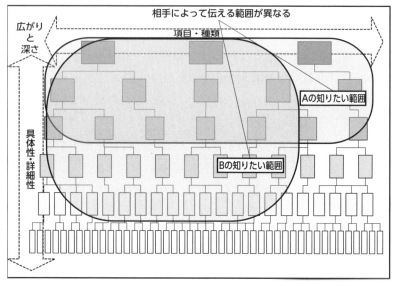

著者作成

(3) 介護事業の3つの特徴

　介護事業は他の産業と比べていくつかの特徴があります。

　それらのうち、経営計画・事業計画策定においてとくに意識すべき3つの特徴について説明します。

　1つ目の特徴は介護事業が"制度ビジネス"であり、そのため、法人の社会的責任に対する説明責任に重きが置かれているということです(図表2-2-3)。

　もともと介護保険制度は高齢者の介護を社会全体で支え合う仕組みを公的な制度として創設したものであり、介護事業者がサービスの対価として受け取る介護給付費は、介護保険料と、税金などの公費によって賄われています。

　よって、介護事業者は、国民が自ら納付した保険料や税金がどの

ように使われているかをチェックしたいという要望に対して、しっかりと応える必要があるわけです。

【図表2-2-3】社会に対する説明責任

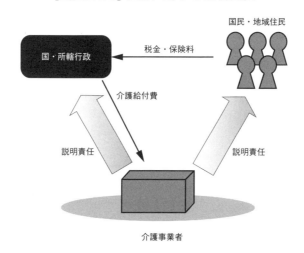

著者作成

2つ目の特徴としては、制度ビジネスであるがゆえに"社会インフラ"としての性格をもっており、利益のみを積極的に追求するのではなく、利用者に対する介護サービスの向上に重きを置いていることです。

行政が策定する介護事業計画に基づくサービスの提供は、いうなれば電力会社や鉄道会社のような公益性を併せもつものであるわけです。介護事業者が他の産業の営利企業と根本的に異なっているのは、あえて極論すると、介護保険制度という公の枠組みのもとで実施されている事業においては、「利益を上げることが必ずしもすべてに優先されるわけではない」ということです。

利益は事業継続やサービス向上のためのいわば"連結環"であり、経営の成果として得られた利益は、次の事業運営のための原資となり、より良いサービスに繋がっていくという正のスパイラルを動かす仕組みともなっているわけです(図表2-2-4)。

【図表2-2-4】利益は介護サービス向上の連結環

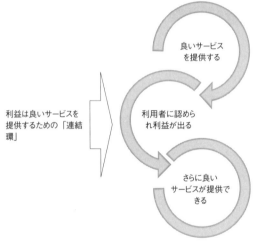

著者作成

　3つ目の特徴は、社会インフラであるがゆえに"地域社会づくりの一員"という性格が強く、外部関係者との協力や連携が重要であるということです。

　それは、地域の高齢者が自立した日常生活を営むためには、単に食事介助や排せつ介助といった一行為だけを支援するものではなく、高齢者の心理的な側面とも向き合う必要がありますし、その方がどういった生活を送りたいのかというライフプランニング自体にまで遡る必要もあります。

そしてそのライフプランに沿った生活が営めるように、介護事業者だけではなく、病院、訪問看護師、かかりつけ医、ボランティア、近隣住民、行政など、じつにさまざまな協力・連携者との協働が必要となってくるのです(図表2-2-5)。

【図表2-2-5】介護事業におけるさまざまな協力・連携者

著者作成

　介護事業者は、こうした事業の特徴をしっかりと意識して経営計画・事業計画を策定する必要がありますが、それは社会福祉法人はもとより、営利法人においても同様であることはいうまでもありません。

3 経営計画・事業計画策定の基本的な流れ

(1)経営計画・事業計画策定の6ステップ

　それでは、実際に経営計画・事業計画の策定プロセスについて見ていきましょう。策定にあたっては6つのステップを踏むこととなります(図表2-3-1)。

【図表2-3-1】計画策定の基本的な流れ

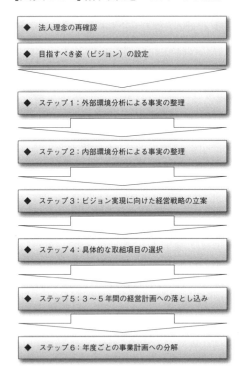

著者作成

1 理念の再認識がその後の方向性を左右する

戦略立案の準備として、まず自法人の基本理念や運営指針といった普遍的な法人のスタンスを改めて確認します。会社でいえば社是・社訓に当たるものです。

基本理念がない法人はさすがに少ないと思います。

しかし、なかには「介護理念はあるが経営理念までは語っていない」というものや「抽象的すぎて理念を創り上げた創業者の当時の意志がもはや誰もわからない」といったものもあり、自法人の進むべき方向性を定めるうえでの拠り所が不明確であることから、今後の計画策定作業を困難なものとしてしまいます。

2 明確なビジョンによる意識の共有化を

次に、3〜5年先の「そうなっていたい」と考える法人の状態（目指すべき姿）を設定します。より具体的にすることで、自法人の役職員や外部の利害関係者に対して、解釈の違いなどを引き起こすことなく共有化することができます。

例えば、「地域福祉に貢献します」が理念のレベルだとすれば、ビジョンは「高齢者の在宅生活をサポートするサービスの質と量で地域のナンバーワンを目指します」という感じでしょうか。

3 鳥の目、虫の目、魚の目

ステップ1では、自法人を取り巻く外部の環境について、「PEST分析」、「5forces分析」などのフレームワークを活用して分析を行います。

その際には、全体像を適切に捉えることができているのか（鳥の目）、どこまで顔の見える情報まで落としこめているのか（虫の目）、現時点だけでなくこれからの変化を捉えられているのか（魚の目）

が、画一的ではなく、脈打つ戦略となるかのカギとなります。

4 ビジョンの実現に足りないものはなにか

　ステップ2では、自法人の内部の状況を把握します。「SWOT分析」、「7S分析」などのフレームワークを活用して分析を行います。

　客観的な事実を集め、自法人に対する職員の意識を共有化しながら、ビジョンの実現において自法人にまだ足りていないものを把握していきます。

5 ストーリー性のある戦略が納得性を高める

　ステップ3では、ビジョンを旗印に、分析した情報から見えてきた経営課題に対する重点目標を一本の経営戦略として紡いでいきます。

　個々の重点目標の達成が、物語の結末（ビジョンの実現）において意味をなしているようなストーリー性を意識することがポイントです。

6 戦略だけでは戦えない

　ステップ4では、戦略における各重点目標に対して、自法人を取り巻くさまざまな環境を考慮しながら、さらに具体的な取組項目を選択していきます。いくら納得性の高い目標を掲げても、その目標達成のための手段が明確になっていなければ経営計画自体がまさに絵に描いた餅になってしまいます。

7 計画への落とし込みで現実性を高める

　ステップ5では、選択した取組項目を、3年や5年といった期間内にどのように実施していくのかといったことを明確にすることで、

【図表2-3-2】外部・内部環境分析から事業計画策定までの手順

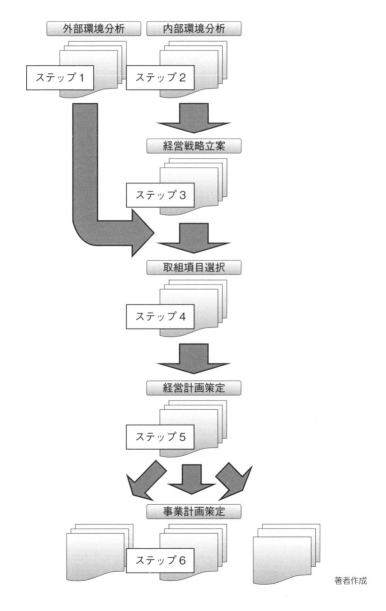

著者作成

実行に向けた現実性を高めていきます。

8 最後に「目先」のことを意識

ステップ6では、ステップ5で策定した法人の経営計画を、年度ごとのスケジュールに詳細化していくことで、全役職員に役割を与え、舞台に上がっていただきます。

その際には、Whereの代わりにWhomを用いた以下の5W1Hを意識するとよいでしょう。

- Why　……"何のために"取り組むのか？
- Who　……"誰が"取り組むのか？
- Whom……"誰に対して"取り組むのか？
- What　……"何を"取り組むのか？
- When　……"いつまでに"取り組むのか？
- How　……"どのような方法で"取り組むのか？

本章ではこれらのうちステップ1からステップ6までの手順について説明をします（図表2-3-2）。

もちろん、ビジョンがない法人は経営計画を策定するまえにビジョン設定をしておかなければなりません。また、ビジョンが設定されている法人も、ステップ1、ステップ2で行う外部・内部の環境分析の結果に応じて、必要があればビジョンの見直しを行うことも検討してみてください。

4 介護事業者における環境分析の視点

(1) 環境分析にはフレームワークの活用が有用

　準備段階である「法人理念の再確認」と「目指すべき姿（ビジョン）の設定」ののち、環境分析を行います。

　ここで、第1章で紹介したさまざまなフレームワークの出番です。これらのフレームワークは使い勝手もよく、計画策定において有用ですが、必ずしもこれらのフレームワークをすべてそのまま遵守しなければならないものではありません。

　むしろ、これらのフレームワークについて、環境分析の目的や自法人の状況、業界特性などを考慮して、どのフレームワークを使うのか取捨選択をしたり、また、フレームワークを構成する項目について、新たな項目を追加したり既存の項目を修正したりしながら、オリジナルのフレームワークをつくり上げるほうが、より良い計画の策定には重要なことです。

　さて、環境分析は大きく外部環境分析と内部環境分析とに分けられます。

　外部環境分析は、自法人を取り巻く周辺環境についての現状を把握し、この先の変化を予測することで、ビジョンの実現にとって影響を与える可能性のある項目をあぶり出します。

　地域の高齢者数、介護保険制度の動向、近隣のデイサービスの出店状況などが該当します。

　内部環境分析も同様に、自法人の組織内部についての現状を把握し、この先の変化を予測することで、ビジョンの実現に対する自法人の課題をあぶり出します。

理事長など経営者のリーダーシップ力、スタッフの介護力、法人の情報伝達力、資金力などが該当します。

まずはそれらの項目を列挙する必要がありますが、やみくもに思いつくものを挙げてしまうと、項目のモレやダブリが生じてしまう可能性があります。

そこで、第1章で紹介したいくつかのフレームワークを参考に検討していきましょう。

(2) 介護事業者の特殊性が加味された5つの項目を分析

3C分析は、環境分析をCustomer（顧客）、Competitor（競合）、Company（自法人）の3つのCから分析する手法です。

顧客と競合が外部環境分析、自法人が内部環境分析に相当します。3C分析は環境分析におけるもっとも基本的なフレームワークですが、この3つのカテゴリーはかなり大枠での分類であり、顧客と競合のカテゴリーにはマクロとミクロの両方の視点が内包されています。

さらに、制度ビジネスとしての側面をもつ介護事業においては、これらのカテゴリーでは捉えにくい制度改定（介護報酬の減額など）や経済状況（景気回復による介護人材の流出など）などの社会動向も事業運営において大きな影響を与える可能性があります。

また、介護事業は先に述べたように、地域において事業を営むものであることからさまざまな外部関係者との協力や連携が不可欠な事業であるという特徴があります。よって、競合以外の外部関係者との協力・連携状況も重要な分析項目となるでしょう。

そこで、この3C分析をベースに、「社会」と「協力」という2つのカテゴリーを追加してみます（これらの項目に近いものを同様に定義している文献もあります）（図表2-4-1）。

【図表2-4-1】3Cに「社会」と「協力」を加えた5カテゴリー

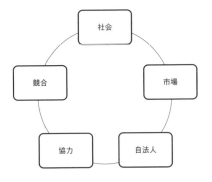

著者作成

　これら5つのカテゴリーについて、社会の動向を分析するPEST分析、外部関係者との力関係から業界をみる5forces分析、自法人の内側を把握する7S分析、企業活動を財務的視点だけでなく、顧客・業務プロセス・学習と成長という非財務的な視点からも分析評価するBSCなどを参考にして、みるべき項目例を挙げてみましょう。
　その際に重要なことは「鳥の目、虫の目、魚の目」、つまり、マクロの視点、ミクロの視点、そして変化の視点を意識することです。

これらを考慮して、外部環境分析は「社会」、「市場」、「競合」、「協力」について、内部環境分析は、「自法人」について分析対象とします。その際のそれぞれの分析項目は（図表2-4-2）のようになります。

【図表2-4-2】5つのカテゴリーの分析項目

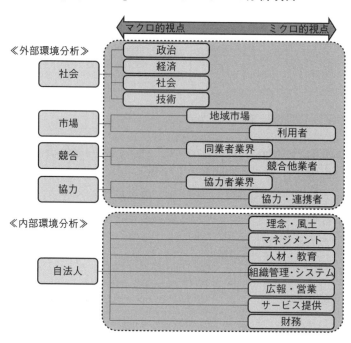

著者作成

5 外部環境分析による事実の整理【ステップ１】

（１）業界を取り巻く大きなトレンドを把握

　外部環境分析は、「社会」カテゴリーから分析をスタートします。このカテゴリーは、経営計画書においても前段で記載する項目であり、いわゆる世の中の大きな流れを把握することを目的としたものです。といっても事業運営においてまったく関係のない項目についてまで調べる必要はありません。

　PEST分析でみる外部環境分析は「法人側の努力では変えられない」事象を把握し、いかにその環境変化を読み取り、法人側をどのように適合させていくのか（またはその環境変化の影響を受けないようにするのか）を探るためのものです。

　政治・経済・社会・技術といった項目を俯瞰することで業界を取り巻く大きなトレンドが見えてきます。

　この際に注意すべきポイントは現状だけでなく、今後どういった方向に物事が進んでいきそうなのかを魚の目（流れを読む目）を意識してみていくことです。

　調査・分析は、総務省統計局のホームページ（http://www.stat.go.jp/）や各都道府県庁のホームページなどの公的データ、さまざまな団体やシンクタンクが発表しているレポートなどを活用してみてください。

　この「社会」カテゴリーにおける主な調査・分析の視点は次のとおりです。

「社会」カテゴリー	調査・分析の視点
政治	●今の政治・政府は介護事業者にとってどのような影響を与えているのか。今後はどのような方向に進んでいくのか。 ●介護事業者に影響を与える法律や通知の改正はあったのか。また今後の改正はどのような方向に進んでいくのか。 ●社会福祉事業への株式会社参入や外国人介護士など、現在どのような規制緩和や規制強化が進められているのか。今後はその流れはどのようになるのか。
経済	●日本の景気は上向きか下向きか。今後はどのようになるのか。 ●企業の活動は活発なのかどうか。介護業界はどうなのか。 ●金利は上昇しているのか、下降しているのか。今後はどのようになるのか。 ●介護事業者による銀行借り入れはしやすいのか。今後はどのようになるのか。
社会	●日本の人口構成はどのようになるのか。少子高齢化は今後どのように推移するのか。 ●高齢者やその家族の介護に対する価値観はどのように変化しているのか。 ●高齢者やその家族のライフスタイルはどのように変化しているのか。 ●現在、介護事業に対するどのような世論がおきているのか。それは今後どのように発展していくのか。
技術	●特殊浴槽や新調理システムなど福祉関連機器の技術発展が介護現場にどのような影響をあたえるのか。 ●現在、広く導入されている設備や技術は今後どのようになるのか。差別化やサービス向上に貢献するのか。 ●介護ロボなどの業界構造を大きく変える可能性がある技術発展はどのような状況か。

(2) 自法人が所在する地域の特性

　次は「市場」カテゴリーです。このカテゴリーでは、製品やサービスを購入している顧客（顧客になりうる潜在的顧客を含む）やその集団である市場についての把握を行います。

　介護市場における介護サービスの購買決定者は、介護サービスの利用者と、その家族などであることから、利用者だけではなく、その家族などについても情報を収集します。

　この際に注意すべきポイントは、地域市場の項目では、先の「社会」カテゴリーにおける政治・経済・社会・技術のような、いわば全国レベルの視点ではなく、○市や○地区といった地域性を考慮した準マクロ的視点で調査・分析を行うことです。

　介護サービスは、その地域で生活する高齢者に直接サービスを提供するという意味では、どれほど規模が大きい法人となっても事業所単位ではすべて地域密着のサービスといえます。

そこで、事業を営む地域ごとの特性をしっかりとおさえることが市場分析では重要となってきます。

　地方では田植えや刈入れシーズンなど、同居する家族が介護できない時期に短期入所への利用ニーズが高まることなど、地域特性が顕著に表れることもあります。

　また、よりミクロ的視点である利用者の項目では、実際の高齢者やその家族の顔や表情までもが思い浮かぶような具体性が、今後の戦略立案においては必要となってきます。

　競合他業者のロゴや近隣にある店舗のインテリア、スタッフの特徴まで思い浮かぶのに、利用者については"あの"○○さん」個人ではなく平均的な「高齢者」という大きなくくりにしてしまっては、立案する戦略もぼやけてしまいます。

　個別の利用者のニッチな要望をすべてキャッチしろという意味ではなく、こうした個人像を意識することで、これまで見えてこなかった利用者の満たされていない要望（アンメットニーズ）をすくい上げることができるかもしれないのです。

　調査・分析は、事業所が所在する地域の市役所などが調査・策定している市町村介護保険事業計画・高齢者保健福祉計画などの公的データや、法人自身がこれまでの事業運営において収集した利用者データが役に立ちます。また、総務省統計局のホームページ（http://www.stat.go.jp/）に掲載されている国民生活基礎調査にも「同居する介護者の悩みやストレス」などといった調査項目があり、利用者やその家族の特性を捉えるのに役立つかもしれません。

　さらに、利用者の調査・分析においてはインタビューやアンケートも効果的です。

　現在サービスを利用している高齢者や、地域市場分析から浮かび上がってきたその地域の高齢者の状況をもとに、実際に高齢者やそ

の家族にインタビューやアンケートを実施することで、そうした高齢者の行動特性や趣味嗜好などを具体的に知ることができます。

　そういった意味では福祉サービス第三者評価事業における聞き取りやアンケートによる利用者調査の結果も有用な情報となるでしょう。

　この「市場」カテゴリーにおける主な調査・分析の視点は次のとおりです。

「市場」カテゴリー	調査・分析の視点
地域市場	●この地域の高齢者数は増えているのか。とくにどのエリアなのか。 ●この地域の高齢者は、同居、高齢者のみの世帯、独居のいずれが多いのか。それは今後どのように推移するのか。 ●この地域の利用者やその家族がサービスを選択・決定する際の判断ポイントはどのようなものか。 ●この地域の産業や住民のライフスタイルは高齢者のサービス利用にどのような影響を与えているのか。
利用者	●利用を希望する高齢者の性別、年齢、家族構成、介護度、日常生活自立度、疾患はどのような状況か。現在サービスを利用している高齢者と利用を希望する高齢者に違いはあるのか。 ●それらの高齢者はどのような問題を抱えているのか。また、どのような要望をもっているのか。 ●それらの高齢者の家族はどのような問題を抱えているのか。また、どのような要望をもっているのか。

(3) 今はまだ見えていない競合を意識

　次は「競合」カテゴリーです。このカテゴリーでは、製品やサービスを提供している競合他業者(例えば、シニア向けのフィットネスクラブなど、同業にかぎらず、競争相手になりうる潜在的競合を含む)やその集団である業界について把握します。

　このカテゴリーも、業界全体について調査・分析を行うものと個別具体的な競争相手に関する情報を調査・分析するものとに分かれます。

　業界全体の分析においては、地域に存在する既存事業者の多寡や動向にばかり目がいってしまいがちですが、実はそれだけでは不十

分です。

業界における自法人の立ち位置から競合を俯瞰するという意味では、業界の魅力度を把握する5forces分析の視点が有効です。

5forces分析とは、第1章で説明した5つの競争要因を分析するフレームワークです。

M.E.ポーターの示した「新規参入の脅威」「競争間の敵対関係」「代替製品・サービスの脅威」「買い手の交渉力」「売り手の交渉力」という視点を、介護業界に当てはめてみると、この「競合」カテゴリーにおける主な調査・分析の視点は、例えば次のような項目となるでしょう。

「競合」カテゴリー	調査・分析の視点
同業者業界	●同一地域において、自法人と同じ介護サービスを提供する新たな競合他業者は増えているのか。今後はどのようになるのか。 ●現在同じ介護サービスを提供している競合他業者はより多くの利用者を獲得するためにどのような取り組みを行っているのか。サービスの質の向上やある分野に特化するなどのトレンドはあるのか。 ●他の種類の介護サービスや介護以外のサービスの台頭によって利用者が流れてはいないのか。今後その可能性はないのか。 ●サービスを受ける利用者やその家族、プランを作成する担当ケアマネジャーといった介護サービス利用の意思決定に関わる者が自法人を含む介護事業者に対してどのような考え方をもっているのか。力関係はどのようになっているのか。それらは変化しているのか。 ●介護事業者が介護サービスを提供するために必要な人材や物品などのリソース確保は、どのような状況なのか。今後はどのようになっていくのか。
競合他業者	●スタッフ、ノウハウ、財務状況、展開意欲、シェア、サービス内容、企業風土、営業スタイル、組織構造など、同一地域における競合他業者はそれぞれどのような特徴をもっているのか。今後はどのような動きが予想されるのか。 ●彼らのもつ強みはどのようなものか。それは自法人にも当てはまるのか。 ●彼らの抱える弱みはどのようなものか。それは自法人にも当てはまるのか。

（4）新たな協力者はゼロベースの思考により発見

外部環境分析の最後は「協力」カテゴリーです。

介護事業者の特徴の一つとして、他の事業者や行政などの外部関係者との関わりがとても強いということは「2　介護事業者の特殊性を理解する」で説明しました。

さらに、厚生労働省は2025（平成37）年を目途に、重度な要介護状態となっても住み慣れた地域で自分らしい暮らしを続けることができるよう、住まい・医療・介護・予防・生活支援が一体的に提供される地域包括ケアシステムの構築を推進しており、今後ますます他の事業者との協力・連携は必要不可欠なものとなっていきます。
　そこで、外部環境分析においても、これら協力・連携体制を構築している（または今後そうした関係を構築できる）外部関係者の現状及び今後の動向について調べておく必要があります。
　このカテゴリーも、3つの目を意識しましょう。自法人が所在する地域全体での協力・連携体制の現状を把握し（鳥の目）、さらに個別具体的な協力・連携者について詳細で多面的な調査・分析を行うとともに（虫の目）、それらの今後の動向もしっかりと見定めましょう（魚の目）。
　こうした協力・連携体制に関する調査・分析は、市町村介護保険事業計画・高齢者保健福祉計画に加えて、都道府県や政令市が調査・策定している地域保健医療計画などが参考になるでしょう。
　さらに、個別の協力・連携者の調査・分析においては、直接インタビューも検討してみてください。お互いの関係性に鑑みれば、情報は得やすいはずです。
　このカテゴリーでは具体的な協力・連携者をイメージして調査する項目を設定してください。例えば、地域住民、医療機関、ボランティア、行政、ケアマネジャー、地域包括支援センター、訪問看護事業者、社会福祉協議会などです。
　また、一見競合他業者として認識してしまう介護事業者も、捉え方によっては協力・連携者となり得ることがあります。
　例えば、デイサービス事業のみを運営する自法人に対して、短期入所事業を実施する他事業所は、同じ利用者を奪い合う競合という

見方がされます。

しかし、デイサービスに通う利用者がどうしても数日間のショートステイ利用が必要となった場合に、日頃から協力・連携関係にある短期入所事業所であれば、その利用者の同意のうえで日常の様子や趣味嗜好、介護における留意点などをお互いに共有することで、利用者に大きな負担をかけることなくシームレスな事業所間のサービス移行が行われることとなり、結果、利用者にとっての事業所満足は高まるはずです。

そういった意味では、先入観や既成概念を取り払ってゼロベースで相手を見てみるということも大切なポイントです。

この「協力」カテゴリーにおける主な調査・分析の視点は次のとおりです。

「協力」カテゴリー	調査・分析の視点
協力者業界	●地域の協力・連携体制は充実しているのか、どのような協力・連携体制が強い（弱い）のか。今後はどのような動きが予想されるのか。 ●今後、協力・連携体制に参加（退場）する者は存在するのか。
協力・連携者	●近隣の地域住民・ボランティアは、自法人にとって協力・連携者となり得るのか、どのような取り組みが考えられるのか。 ●近隣の病院や開業医は、自法人にとって協力・連携者となり得るのか、どのような取り組みが考えられるのか。 ●行政（市町村）や地域包括支援センター、社協は、自法人にとって協力・連携者となり得るのか、どのような取り組みが考えられるのか。 ●ケアマネジャーは、自法人にとって協力・連携者となり得るのか、どのような取り組みが考えられるのか。 ●訪問看護事業者や自法人以外の介護事業者は、自法人にとって協力・連携者となり得るのか、どのような取り組みが考えられるのか。 ●サービス付き高齢者向け住宅などの高齢者住宅運営事業者は、自法人にとって協力・連携者となり得るのか、どのような取り組みが考えられるのか。

(5) 外部環境は事実の整理が重要

以上で、外部環境分析は完了です。

これらの項目について調査・分析を行うことで自法人を取り巻く外部環境が見えてきます。

なお、SWOT分析では、これらの外部環境について「機会（外部環境が自法人の経営においてプラスに働く可能性があるもの）」と「脅威（外部環境が自法人の経営においてマイナスに働く恐れがあるもの）」に分析結果を峻別していきます。

　しかし、「介護報酬のマイナス改定」のように、介護事業者にとって明らかに「脅威」と捉えられるものもあれば、見方によってその意味付けがまったく変わってくるものも多くあります。

　例えば、「業界における介護人材の不足」は機会でしょうか。それとも脅威でしょうか。

　一見すると脅威のように思えます。しかし、仮にデイサービス事業所が乱立し、事業所同士が利用者だけでなく介護スタッフまでも取り合うような競争の激しいエリアにおいて、利用者やケアマネジャーからの認知度が低く、ネームバリューもないようなある新規参入事業所の唯一の強みが、人材確保力であったとしたらどうでしょうか。

　他の事業所がスタッフ確保に苦戦し、思うように利用者の受け入れができない状況のなかで、スタッフの充足が可能なその新規参入事業所は、他の事業者に対して優位性をもつこととなるでしょう。

　この例でいえば、「他事業所が人材確保において苦戦をするなかで、強みである人材確保力を活用して採用活動を強化する」という戦略をとる場合において、「業界における介護人材の不足」は「機会」となるわけです。

　このように、外部環境分析における「機会」・「脅威」の判断は、法人のとる戦略が前提となります。

　「サービス付き高齢者向け住宅の新興」、「利用者や家族の介護サービスに対する目利き・選別眼の高まり」などはどうでしょうか。同じようなことがいえると思います。

よって、まずは事実だけを淡々と整理し、自法人の課題解決の方策や戦略の方向性が見えてきた段階で振り返り、これらの外部環境が、自法人の課題解決の方策や戦略にどのような影響を与えるのかを検討し、必要であればさらに細かな環境分析を行っていけばよいのです。

　なお、ビジョンの設定は、理事会や経営会議のような場で行われることとなりますが、その際の参考となるように、事前に大方の調査・分析を済ませておくという方法もあります。

　ひな形を用意しましたので、適宜内容を修正しながら使用してみてください（**図表2-5-1**）。なお、外部環境分析はさまざまな項目に分かれているため、これらをある程度のまとまりにして理解するほうが、自法人の課題解決の方策や戦略との関係をイメージしやすいかもしれません。

【図表2-5-1】外部環境分析の評価シート

カテゴリー	項目	調査・分析の視点
社会	政治	●今の政治・政府は介護事業者にとってどのような影響を与えているのか。今後はどのような方向に進んでいくのか。 ●介護事業者に影響を与える法律や通知の改正はあったのか。また今後の改正はどのような方向に進んでいくのか。 ●社会福祉事業への株式会社参入や外国人介護士など、現在どのような規制緩和や規制強化が進められているのか。今後はその流れはどのようになるのか。
	経済	●日本の景気は上向きか下向きか。今後はどのようになるのか。 ●企業の活動は活発なのかどうか。介護業界はどうなのか。 ●金利は上昇しているのか、下降しているのか。今後はどのようになるのか。 ●介護事業者による銀行借り入れはしやすいのか。今後はどのようになるのか。
	社会	●日本の人口構成はどのようになるのか。少子高齢化は今後どのように推移するのか。 ●高齢者やその家族の介護に対する価値観はどのように変化しているのか。 ●高齢者やその家族のライフスタイルはどのように変化しているのか。 ●現在、介護事業に対するどのような世論がおきているのか。それは今後どのように発展していくのか。
	技術	●特殊浴槽や新調理システムなど福祉関連機器の技術発展が介護現場にどのような影響をあたえるのか。 ●現在、広く導入されている設備や技術は今後どのようになるのか。差別化やサービス向上に貢献するのか。 ●介護ロボなどの業界構造を大きく変える可能性がある技術発展はどのような状況か。
市場	地域市場	●この地域の高齢者数は増えているのか。とくにどのエリアなのか。 ●この地域の高齢者は、同居、高齢者のみの世帯、独居のいずれが多いのか。それは今後どのように推移するのか。 ●この地域の利用者やその家族がサービスを選択・決定する際の判断ポイントはどのようなものか。 ●この地域の産業や住民のライフスタイルは高齢者のサービス利用にどのような影響を与えているのか。
	利用者	●利用を希望する高齢者の性別、年齢、家族構成、介護度、日常生活自立度、疾患はどのような状況か。現在サービスを利用している高齢者と利用を希望する高齢者に違いはあるのか。 ●それらの高齢者はどのような問題を抱えているのか。また、どのような要望をもっているのか。 ●それらの高齢者の家族はどのような問題を抱えているのか。また、どのような要望をもっているのか。
競合	同業者業界	●同一地域において、自法人と同じ介護サービスを提供する新たな競合他業者は増えているのか。今後はどのようになるのか。 ●現在同じ介護サービスを提供している競合他業者はより多くの利用者を獲得するためにどのような取り組みを行っているのか。サービスの質の向上やある分野に特化するなどのトレンドはあるのか。 ●他の種類の介護サービスや介護以外のサービスの台頭によって利用者が流れてはいないのか。今後その可能性はないのか。 ●サービスを受ける利用者やその家族、プランを作成する担当ケアマネジャーといった介護サービス利用の意思決定に関わる者が自法人を含む介護事業者に対してどのような考え方をもっているのか。力関係はどのようになっているのか。それらは変化しているのか。 ●介護事業者が介護サービスを提供するために必要な人材や物品などのリソース確保は、どのような状況なのか。今後はどのようになっていくのか。
	競合他業者	●スタッフ、ノウハウ、財務状況、展開意欲、シェア、サービス内容、企業風土、営業スタイル、組織構造など、同一域における競合他業者はそれぞれどのような特徴をもっているのか。今後はどのような動きが予想されるのか。 ●彼らのもつ強みはどのようなものか。それは自法人にも当てはまるのか。 ●彼らの抱える弱みはどのようなものか。それは自法人にも当てはまるのか。
協力	協力者業界	●地域の協力・連携体制は充実しているのか、どのような協力・連携体制が強い(弱い)のか。今後はどのような動きが予想されるのか。 ●今後、協力・連携体制に参加(退場)する者は存在するのか。
	協力・連携者	●近隣の地域住民・ボランティアは、自法人にとって協力・連携者となり得るのか、どのような取り組みが考えられるのか。 ●近隣の病院や開業医は、自法人にとって協力・連携者となり得るのか、どのような取り組みが考えられるのか。 ●行政(市町村)や地域包括支援センター、社協は、自法人にとって協力・連携者となり得るのか、どのような取り組みが考えられるのか。 ●ケアマネジャーは、自法人にとって協力・連携者となり得るのか、どのような取り組みが考えられるのか。 ●訪問看護事業者や自法人以外の介護事業者は、自法人にとって協力・連携者となり得るのか、どのような取り組みが考えられるのか。 ●サービス付き高齢者向け住宅などの高齢者住宅運営事業者は、自法人にとって協力・連携者となり得るのか、どのような取り組みが考えられるのか。

内容

著者作成

（6）経営計画書への記載

　これまでの外部環境分析によって、自法人を取り巻く環境が見えてきました。

　この調査・分析は今後の戦略立案のための材料になるとともに、こうした情報自体をしっかりと法人内外に対して伝えることも経営計画・事業計画の策定の目的の一つでもあります。

　そこで、これらの内容をわかりやすく適度な分量で「法人を取り巻く環境」として経営計画書や事業計画書に記載するようにしましょう。

　これらの前提条件を共有することで、この後の法人の策定する基本戦略や具体的取り組みへの理解が一層深まることとなります。

　その際には、情報の受け手が何を求めているかを意識し、必要があれば、行政の統計データを添付するなどの工夫も検討してみてください。

　構成は自由ですが、法人理念とビジョンを表明し、その後に記載をするとこのようなイメージとなるでしょう(図表2-5-2)。

【図表2-5-2】外部環境分析を反映させた経営計画書の記載例

平成〇年度～平成〇年度　社会福祉法人〇〇会　中期経営計画

≪はじめに≫

　当法人は、昭和〇年より初代理事長である〇〇、2代目理事長〇〇のもと、県や〇〇市の指導をいただきながら、役職員一丸となってこれまで地域福祉に貢献すべく事業運営にまい進してまいりました。しかし、数次の制度改正を経る中で、社会福祉法人の在り方も含めて、地域における当法人の存在意義がより強く求められている状況に鑑み、今回、さらなる地域貢献への熱意を明確にし、今後も安定的に地域福祉に貢献していくために、さらなるサービスの向上と財務基盤の強化を目的とした平成〇年から平成〇年までの中期の経営計画を立案し、実行していくこととといたしました。
　　　　　　　　　　　　　　　　　　　　　　　　　　3代目理事長　〇〇

≪法人理念≫
「……………………………」

≪平成〇年度～平成〇年度　経営ビジョン≫
「……………………………
　……………………………
　……………………………」

≪法人を取り巻く状況≫

【介護業界の大きな流れ】
　昭和〇年よりこの地域において高齢者福祉を担ってきた当法人を取り巻く環境も、平成12年の介護保険制度の導入によって大きくその環境も変化してまいりました。
　介護に対する政策は国の最重要事項の一つとして位置づけられており、全国の特養入所待機者数が〇〇万人に上る状況の中で、政府の施策は………………………
　そうした状況の中で、近年は介護報酬の減額への流れが加速し、特に入所系の報酬増加は見込めない状況が………
　さらに従来型特養の報酬は…………
　一方で、国の推進する地域包括ケアシステムへの取組は……多職種や他事業所との連携に対する取り組みも重要となって
　介護業界を新たなマーケットと捉え、新規参入してくる大手企業も増加しつづけることが予想され、………
　今後は、労働人口が減るとともに、都市部へ若者が流れつづける状況が………
　また、措置時代の介護をお願いするという意識から料金を払って受けるサービスという感覚への意識の変化は………
　利用者本人や家族からの介護サービスへの要望が高まり、利用者や家族による介護事業者の評価意識が………
　そうした中で、虐待、火事、事故、横領・着服など、コンプライアンスやリスク管理に対する介護事業者の運営姿勢への国民の関心の高まりが………社会福祉法人への大きな転換が期待されているところである
　……………………………………………………

【〇〇市の状況】
　〇〇市は、〇〇県の西北に位置する人口〇〇人の市であり、主な産業は………
　近年、独居高齢者数が増加し、特に当法人の位置する〇〇地区にある〇〇団地にはおおよそ〇人の独居高齢者が生活している状況が………
　近年、同一地域に特別養護老人ホームが多く建設され、併設される短期入所やデイサービス数も急増し…小規模の単独型デイサービスも多く存在し、利用者の取り合いが激化している状況がうかがえる。また、リハビリなどの機能回復に特化したデイサービスが増えており………
　そのような状況の中で、〇〇市においても介護人材の慢性的な不足が続き、就職希望者が人気のある施設に集中している状況も顕著に………
　近隣にある市営の〇〇病院は、3年後の統合・閉鎖が議会において承認され、ますます、この地域における医療資源の………
　また、現在行政が行っている地域包括支援センターが…………
　……………………………………………………

高齢者数	平成〇年	平成〇年	平成〇年	平成〇年予想	平成〇年予想
高齢者数(人)	〇〇	〇〇	〇〇	〇〇	〇〇
高齢化率(%)	〇〇	〇〇	〇〇	〇〇	〇〇

　……………………………………………………
　……………………………………………………

著者作成

6 内部環境分析による事実の整理【ステップ２】

（１）多くの役職員を巻き込むこと

　外部環境分析を終えた時点では、まだ法人の戦略を決定するのは時期尚早です。

　「彼を知り、己を知れば、百戦して殆(あや)うからず」、次に私たちは、己を知らなければなりません。

　そのためにも、内部環境分析を行っていきましょう。

　内部環境分析におけるフレームワークには、原材料の調達から製品・サービスを顧客に提供するまでの企業の内部活動の流れを各プロセスに分解し、自法人の優位性を探るバリューチェーン分析や、「経済価値」・「希少性」・「模倣可能性」・「組織」という４つの視点にもとづいて企業の有する経営資源の優位性を分析するVRIO分析など、第１章で紹介したとおり、さまざまなものがありますが、これらのフレームワークのうち、組織を７つの要素で分析する７S分析と財務・非財務の両面での目標設定を行うBSCの４つの視点を参考に組織をみることとします。

　なお、内部環境分析を行う際には、できるだけ客観的、論理的に自法人を見ることを意識してください。

　いざ、これらの分析を行おうとすると、どうしても自法人に対する主観や感情が混入してしまいます。

　普段から問題意識を抱える経営者は、それらのマイナスイメージから、過度に厳しく、悲観的に自法人をみる傾向がある一方で、自法人に対する愛着から、希望的観測に陥ってしまう経営者も見受けられます。親心、手心なしで自法人の状況を把握するように心がけ

てください。

　また、経営者から「うちの事業所の職員の介護技術力はとても高いし、向上心もあり、優秀です」という話を聞く半面、現場の介護職員からはまったく逆の意見を聞いたりもします。

　どちらが正しいという話ではなく、経営者層と現場職員で一つの事象に対する評価が大きくかい離しているということが問題なのです。

　確かに組織に属する全役職員がまったく同じ評価でいるということはなかなか難しいでしょう。

　しかし、現状の問題意識の共有ができていないままに、いくら問題解決のための計画を策定しても、現場職員の納得感がなければ、「問題はそこじゃないんだよな」となり、その計画への職員の関与度合いは低くなってしまうでしょう。

　よって、自法人の分析はできるだけ多くの役職員を巻き込み、できるだけ多くの意見を聞き取ることが重要です。

　ここをどこまで丁寧に行えるかが、納得感があり、実行性のある計画にできるかどうかのポイントとなります。

　可能であれば、全役職員にアンケートを実施したりグループディスカッションを行ってみてください。これは、計画実行の段階でも、職員の参加意識という点で活きてくるはずです。

　この「自法人」カテゴリーにおける主な調査・分析の視点は次のとおりです。これらの項目は、実施している事業の内容によっても変わってきますし、既存事業者か法人設立時なのかによっても変わってきます。

「自法人」カテゴリー	調査・分析の視点
理念・風土	●法人の理念にもとづいた運営がされているのか。 ●法人の理念は今の法人の使命に適合しているのか。 ●法人の理念を全職員が理解し、行動につなげているのか。 ●法人の風土・雰囲気はどのようなものか。それはいつからなのか。
マネジメント	●経営者のリーダーシップや経営管理能力はどのようなものか。 ●経営者の役割と責任は役職員に伝わっているのか。 ●明確な経営の方向性は役職員に伝わっているのか。 ●タテ・ヨコの情報共有が図られているのか。コミュニケーションはとれているのか。
人材・教育	●人材の採用、教育の仕組みはどのようなものか。 ●どのような人材が集まっているのか。 ●年齢構成・職種別人員構成にどのような特徴があるのか。 ●雇用形態や労働条件に特徴があるのか。 ●幹部・管理職職員は成長しているのか。教育は十分か。何が必要なのか。 ●現場職員は成長しているのか。教育は十分なのか。何が必要なのか。
組織管理・システム	●業務はスムーズに流れているのか。 ●業務は属人的になっていないのか。 ●マニュアル整備などの仕組み化はどのような状況なのか。 ●会議体の運営はどのような状況なのか。 ●職位、職責、部署による業務分掌・決裁権限などの組織体制はどのような状況なのか。 ●組織（組織図）の形はどのようなものか。
広報・営業	●利用者確保のための営業活動に対する職員の意識はどのようなものか。 ●取り組みによる効果は出ているのか。 ●地域に対する広報活動への職員の意識はどのようなものか。 ●取り組みによる効果は出ているのか。
サービス提供	●介護サービスの質はどのようなものか。 ●職員の介護技術はどのようなものか。 ●利用者満足度はどのような状況なのか。その要因はなにか。
財務	●損益（収支）はどのような状況なのか。どのように推移してきたのか。 ●財産はどのような状況なのか。どのように推移してきたのか。 ●今後の財務状況はどのようになりそうなのか。 ●稼働率や利用者単価、経費率などの経営指標はどのような状況なのか。 ●大きな設備投資などの予定はあるのか。

（２）あるべき姿とのギャップを把握

　内部環境分析というと、財務諸表の分析を中心に行う傾向が見受けられます。財務はあくまでもこれまでの経済活動の結果であり、その結果をもたらす要因となったそれ以外の項目についてもしっかりと把握するようにしましょう。

　また、SWOT分析では、内部環境について「強み（内部環境が自法人の目標達成においてプラスに働く可能性があるもの）」と「弱み（内部環境が自法人の目標達成においてマイナスに働く恐れがある

もの)」に分析結果を峻別していきます。

　第1章でも述べていますが、この区分も先ほどの外部環境分析と同様に、それが「強み」となるのか「弱み」となるのかは、比較する対象によって異なることがあります。

　全国の介護事業者平均と比べると優れている(強み)部分が、同一エリアの介護事業者と比べると劣っている(弱み)ということや、近隣のA事業所に比べると優れているけれど、B事業所と比べると劣っているなど自法人のリソースが強みなのか弱みなのかが判断しにくいことも発生します。

　そこで、内部環境分析については、厳密に「強み」・「弱み」と分ける必要はありませんが、「目標達成に対して」という視点に立ち返り、「自法人の定めるビジョンの実現において現状はどのようになっているのか」という基準をもとに分析を行うとよいでしょう。

　そのために、設定した7つの項目ごとに「ビジョンを実現しているときにはこうなっているはずである」という「あるべき姿」を設定する必要があります。ビジョンの抽象度が高ければ、その解釈を議論しながら決定していくこととなるでしょう。

　ひな形を用意しましたので、適宜内容を修正しながら使用してみてください(図表2-6-1)。

【図表2-6-1】内部環境分析の評価シート

項目	内容
理念	
ビジョン	

自　法　人			
項目	あるべき姿	調査・分析の視点	
理念・風土		●法人の理念にもとづいた運営がされているのか。 ●法人の理念は今の法人の使命に適合しているのか。 ●法人の理念を全職員が理解し、行動につなげているのか。 ●法人の風土・雰囲気はどのようなものか。それはいつからなのか。	
マネジメント		●経営者のリーダーシップや経営管理能力はどのようなものか。 ●経営者の役割と責任は役職員に伝わっているのか。 ●明確な経営の方向性は役職員に伝わっているのか。 ●タテ・ヨコの情報共有が図られているのか。コミュニケーションはとれているのか。	
人材・教育		●人材の採用、教育の仕組みはどのようなものか。 ●どのような人材が集まっているのか。 ●年齢構成・職種別人員構成にどのような特徴があるのか。 ●雇用形態や労働条件に特徴があるのか。 ●幹部・管理職職員は成長しているのか。教育は十分か。何が必要なのか。 ●現場職員は成長しているのか。教育は十分なのか。何が必要なのか。	
組織管理・システム		●業務はスムーズに流れているのか。 ●業務は属人的になっていないのか。 ●マニュアル整備などの仕組み化はどのような状況なのか。 ●会議体の運営はどのような状況なのか。 ●職位、職責、部署による業務分掌・決裁権限などの組織体制はどのような状況なのか。 ●組織（組織図）の形はどのようなものか。	
広報・営業		●利用者確保のための営業活動に対する職員の意識はどのようなものか。 ●取り組みによる効果は出ているのか。 ●地域に対する広報活動への職員の意識はどのようなものか。 ●取り組みによる効果は出ているのか。	
サービス提供		●介護サービスの質はどのようなものか。 ●職員の介護技術はどのようなものか。 ●利用者満足度はどのような状況なのか。その要因はなにか。	
財務		●損益（収支）はどのような状況なのか。どのように推移してきたのか。 ●財産はどのような状況なのか。どのように推移してきたのか。 ●今後の財務状況はどのようになりそうなのか。 ●稼働率や利用者単価、経費率などの経営指標はどのような状況なのか。 ●大きな設備投資などの予定はあるのか。	

	現　状

著者作成

なお、外部・内部の環境分析が完了した段階で、あらためて自法人の理念・ビジョンを振り返ってみてください。

場合によっては、自法人の理念やビジョンが環境の変化にマッチせずに大きなかい離が生じている場合もあるかもしれません。

内外問わず、環境は日々刻々と変化するものであり、そのつど自法人の理念やビジョンを変更してしまうことは避けなければなりませんが、例えば、措置から契約制度への転換、施設から在宅への移行、消費者意識の変化など、現行の制度や世の中の価値観にそぐわない理念・ビジョンであれば、しっかりと見直すという姿勢もまた必要です。

(3) 経営計画書への記載

内部環境分析によって、自法人の現状が見えてきます。

この調査・分析も外部環境分析と同様に、今後の戦略立案のための材料になるとともに、こうした法人の情報をしっかりと法人内外に対して伝えることが重要です。

そこで、これらの内容をわかりやすく適度な分量で「法人の現状」として経営計画書や事業計画書に記載するようにしましょう。

法人の現状をさらに詳しく伝えるために、自法人の組織図や職員数、過去の稼働率や協力医療機関名、年間行事予定や研修計画などの情報を追加するのもよいでしょう。

構成は自由ですが、例えば、「法人を取り巻く環境」の後に記載をするとこのようなイメージとなるでしょう(図表2-6-2)。

【図表2-6-2】内部環境分析を反映させた経営計画書の記載例

平成○年度～平成○年度　社会福祉法人○○会　中期経営計画

………………………………………………………………………………………………

≪法人を取り巻く状況≫

【介護業界の大きな流れ】
………………………………………………………………
………………………………………………………………

【○○市の状況】
………………………………………………………………
………………………………………………………………

≪法人の現状≫　　　　　　　　　　　　　≪組織図≫

【法人概況】※平成○年○月現在
　社会福祉法人　○○会
　昭和○年法人認可　特別養護老人ホーム○○苑　○床　開所
　昭和○年　短期入所事業　○床　開始
　昭和○年　老人デイサービス事業　○人　開始
　平成○年　老人デイサービス事業　○人　定員変更
　平成○年　……………
　………………………

　職員数：○名（非常勤○名含む）　施設長1名、事務長1名、看護師○名、介護職員○名、OT/PT○名…………
　主な設備：特浴○台、送迎車両○台、………………………………………

【現状と見えてきた課題】
　近年、介護報酬の減額による入所収益が減少し、平成○年には○千円であった経常活動増減差額も、平成○年には○千円にまで減少し、……………収入が下がる一方で、勤続年数の長い職員の割合が高く人件費が増加し……
　また、建物が老朽化しており、給排水設備や空調設備など大規模な改修工事が必要な状況であり………………
　職員は、ベテラン職員も多く、職員の顔や名前をよく知る地域住民も多く、地域との交流は古くから行っており、町内会の行事参加など地域に根ざした運営がされているが、近年、…………………法人の行っている事業についてはあまりアピールを行っていない
　現場は介護の仕方をOJTによって伝えるため、教わる相手や、その時々の状況によって異なることや、伝える中で変化していくことがある
　これまでの長い歴史の中で法人独自の風土が形成され、新たな職員もその風土に染まる状況もみられ、経営者不在で意思決定ができないなどの組織的な問題も………………
　………………………………
　………………………………

著者作成

7 ビジョン実現に向けた経営戦略の立案【ステップ3】

(1) 経営戦略立案の流れ

　外部・内部の環境分析では、経営計画・事業計画を策定するための材料を集める作業を行いました。

　ここでは、これらの材料を活用して、自法人の抱える本質的課題を明確にし、その課題の解決に向けた重点目標を法人の経営戦略に昇華していきます。ここが経営計画・事業計画のキモとなる部分です。

　大まかな流れ(図表2-7-1)は、次のようになります。

①**本質的課題の設定**

　　内部環境分析の各項目について、現状生じている問題に共通する「本質的課題」を設定する。

②**重点目標への置き換え**

　　「本質的課題」をそれぞれの課題の因果関係を意識して「重点目標」に置き換える。

【図表2-7-1】経営戦略立案までの流れ

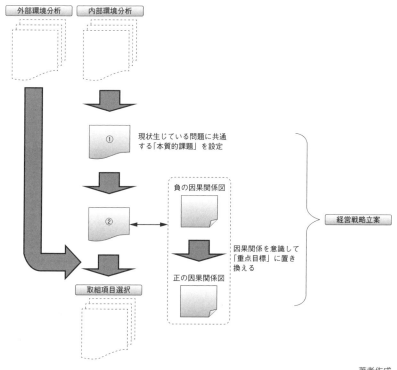

著者作成

（2）共通点を探り本質的課題を抽出

まずは、①の本質的課題の設定について説明します。

ステップ2において、内部環境分析における各項目の「あるべき姿」を基準として「現状」をあぶり出しました。

ここでは、この現状を生み出している本質的課題を探っていきます。

往々にして現状生じている問題は湯水のようにわき出てくるものです。
「デイサービスの稼働が伸び悩んでいる」
「組織が縦割りで情報共有ができていない」
「利用者家族からのクレームが多い」
「職員同士の仲が良くない」
「現場スタッフが不足している」
「空調設備の調子が悪い」など
　では、それらの問題のうち、一体何が優先度が高くて、何が活動によって改善できて、何が他の要因の影響を大きく受けているものなのでしょうか。これらを整理しないまま、ただ漠然と問題に対する対応策だけを列挙して法人の重点目標としている経営計画・事業計画も見うけられます。
　それぞれの問題はたしかに解決しなければならないものではありますが、これらの整理がされていないと、職員にしてみれば「はたしてその問題の解決が法人の経営にどれだけ貢献しているのか」の理解や納得感なしに、ただ達成することだけがノルマのごとく課せられることになります。
　そうなるとその達成に向けた活動に対するモチベーションも上がらずに、やらされ感のみが増大してしまいます。
　「自分の担当する個別の目標の達成が、法人のビジョンの実現のどこに寄与しているのか」を明確に理解させることが、自発的な行動を引き起こし、役職員一丸となって目標達成へ邁進する原動力となります。
　そのために個々の目標の達成が、ビジョン実現において重要な意味をなしているようなストーリー性を意識することが大事なのです。
　作成のポイントですが、「要は〜」を口癖にしてみてください。

ステップ2の内部環境分析で挙げた各カテゴリーの現状をよく見てみると、「要は○○が原因である」といった共通の課題が浮かび上がってきます。

　部署によって、役職によって、抱えている問題はさまざまですが、これらの個別の問題には、同様の課題が根底に横たわっていないのかを意識してみてください。もしかすると、個別の問題はその結果にすぎないのかもしれません。

　例えば、「組織管理・システム」の項目において出てきた現状が次の内容であったとします。

- Aさん：「業務のやり方は口伝で先輩から後輩に受け継がれ、文章などで明記されたものは少ない」
- B主任：「現場は介護の仕方をOJT(On the Job Training)によって伝えるため、教わる相手やその時々の状況によって異なることや、伝えるなかで変化していくことがある」
- C事務長：「管理・事務は様式や作業手順などが統一されていないためモレ・ムラが生じていそうだがその検証もできていない」

　これらの現状起きている問題に共通しているものを意識しながら、本質的課題を導くと、例えば「業務手順がルール化・標準化されず、質の担保、効率化が図られない」、「組織管理体制が未成熟」ということが浮かび上がってきます。

　このように、各項目において出てきた現状をもとに本質的課題を挙げてみてください。

その際に、あまり本質的課題が多くなるとそれらの関係性が見えにくくなってしまいます。本質的課題が多く出た場合には、それらの本質的課題同士でさらに共通の課題が存在していないのかを再度検討してみてください（これをチャンクアップといいます）（図表2-7-2）。

【図表2-7-2】さまざまな問題から本質的課題を抽出

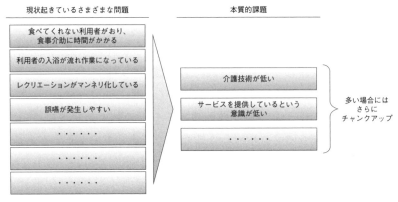

著者作成

　こちらもひな形を載せておきます（図表2-7-3）。

第2章 介護事業者における経営計画・事業計画のつくり方

【図表2-7-3】本質的課題の共通項確認用シート

自法人カテゴリーの項目	現状
理念・風土	
マネジメント	
人材・教育	
組織管理・システム	
広報・営業	
サービス提供	
財務	

		現状を引き起こしている本質的課題
	>	
	>	
	>	
	>	
	>	
	>	
	>	
	>	

著者作成

第2章 介護事業者における経営計画・事業計画のつくり方

(3) ストーリーとは因果関係をつないでいくこと

次に、②の重点目標への置き換えについて説明します。①で抽出された本質的課題は、はたして本当に法人のビジョン達成にあたって解決しなければならない課題なのでしょうか。それが解決されないとどのようなところに影響を与えてしまうものなのでしょうか。課題が生じている今、法人はいったいどのような状況になっているのでしょうか。

これらを整理する方法が因果関係図の作成です。

先ほど、ストーリー性を意識することが、職員の理解や納得性を高め、目標達成に対するモチベーションに繋がるということを説明しました。

ストーリーとはつまり、因果関係を繋いでいくことであり、A・B・C・Dという要素を「Aを達成することで、Bが解決され、Bが解決されるとCとDができるようになる」といったような一連の関係性を示すものです(図表2-7-4)。

【図表2-7-4】課題のストーリー化

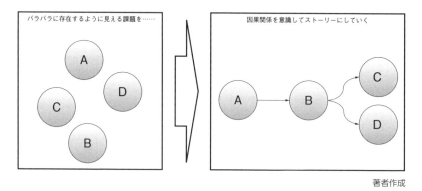

著者作成

この作業を行うことで、この課題を解決するとどのような良い結果が生じるのかが視覚的に理解できると同時に、重要だと思っていた課題が、ビジョンの実現においてはさほど強い因果関係がなく、優先的に行う必要はないということもわかったりします。

　さらに、課題の出処や、連鎖の循環を発見することで、根本的な課題や特に影響の大きな課題など、優先的に解決すべきものを意識することができます（図表2-7-5）。

【図表2-7-5】因果関係を意識すると見えてくる

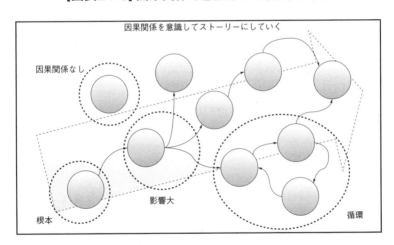

著者作成

（4）負の因果関係図で顕在化しなかった本質的課題を発見

　因果関係図を作成していく際には、まずは本質的課題をもとに法人の現状を把握するための図からスタートしてみましょう。

　つまり「Aが原因で、Bができなくなる、BができなくなるとCとDが生じてしまう」といったような負の関係性を示すものです。

　先ほどの本質的課題を付箋紙などに記入して、大きな模造紙など

に貼っていくとよいでしょう。

　数名で議論をしながら因果関係を考え、本質的課題を記入した2つの付箋紙の間に矢印を引いていきます。

　その際に、なかなか2つの本質的課題が繋がらない場合があります。関係性がない場合であれば繋げる必要はありませんが、「関係性は強そうに見えるけど、矢印を引くとなんだか違和感がある」というものが発生することがあります。

　この場合、それら2つの本質的課題の間で、いわゆる「論理の飛躍」を起こしている可能性が考えられます。その場合には、その2つの本質的課題の間をサポートする新たな項目（本質的課題の仮説）を作成する必要が出てきます。

　この本質的課題の仮説は、文字通り、あくまで仮説の段階ですが、内部環境分析では顕在化しなかった本質的課題かもしれません。

　その場合には、その課題に対して（必要があれば関係者にインタビューを実施するなど）事実調査を行って、新たな「本質的課題」として加えるようにしましょう（図表2-7-6）。

【図表2-7-6】因果関係が流れるように項目を設定

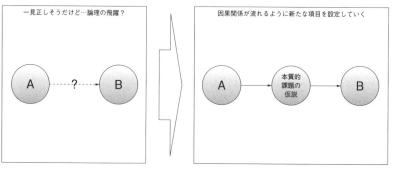

著者作成

簡単に例示を示します。

本質的課題として次の項目が列挙されたとします。

「利用者が減っている」

「研修会参加などの教育への投資（予算）が減らされている」

「赤字経営となっている」

「収入が下がっている」

「利用者の満足度が低下している」

「介護技術が低い」

「給与が上がらない」

「利用者本位のサービスが提供できていない」

これらの項目を因果関係を意識して矢印を引いていきます。すると、次のような全体像がみえてきます（図表2-7-7）。

【図表2-7-7】因果関係を矢印でつなげていく

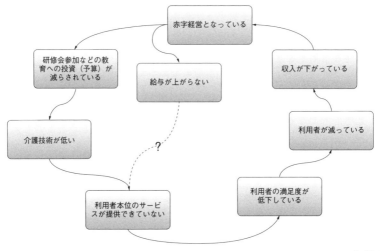

著者作成

これをストーリーとして繋いでみると、

> 「利用者の満足度が低下している」ため、「利用者が減って」おり、その結果、「収入が下がり」「赤字経営となっている」。
>
> そのために、職員の「給与が上がらない」ことや、「研修会参加などの教育への投資（予算）が減らされ」るという事態が起こっており、結果、職員の「介護技術が低」く、「利用者本位のサービスが提供できていない」。
>
> そのため、ますます「利用者の満足度が低下」して……

という負の循環が見えてきます。この流れはさほど問題はなさそうですが、一方で職員の「給与が上がらない」ことと、職員が「利用者本位のサービスが提供できていない」ことの間には、関係性がありそうですが、そのまま繋ぐとなんだかしっくりといきません。

そこで次のように2つの本質的課題の間をサポートする新たな本質的課題の仮説を作成してみます(**図表2-7-8**)。

【図表2-7-8】新たな本質的課題の追加

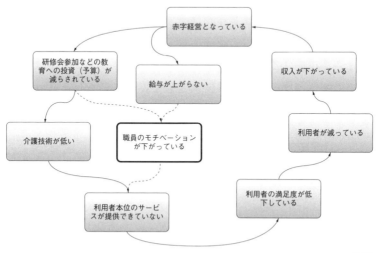

著者作成

　そうすると、「給与が上がらない」ことと「利用者本位のサービスが提供できていない」ことが繋がるだけでなく、実は「研修会参加などの教育への投資（予算）が減らされている」ことの新たな影響が見えてきます。

　あとは、本当に「職員のモチベーションが下がっている」のかを職員アンケートや面談などによって確認し、事実であれば新たな本質的課題として追加していけばよいのです。

（5）正の因果関係図から導き出される経営戦略

　現状から導き出された本質的課題が法人全体においてどのような悪影響を及ぼし、それらがどのように関係しあっているのかが把握できたら、今度は、その課題が解決された場合の良い影響の関係図を作成していきます。

現在達成できていない「本質的課題」を、達成できたと仮定した場合の姿、つまり「重点目標」に置き換えることでビジョン実現に向けた未来予想図を作成するわけです。

　このとき、単に、本質的課題として記載した言葉を裏返すだけではなく（これをコインの裏返しといいます）、どうなればその本質的課題の解決が次の本質的課題に対して良い影響を与えられるのかを意識して文章を変換してみてください（図表2-7-9）。

【図表2-7-9】本質的課題から重点目標への変換例

自法人カテゴリーの項目	現状を引き起こしている本質的課題		重点目標
人材・教育	職員のモチベーションが下がっている	⇔	職員のモチベーションが高く維持される
	給与が上がらない	⇔	職員の給与や福利厚生に還元できる
サービス提供	利用者の満足度が低下している	⇔	利用者の満足度が高まる
	介護技術が低い	⇔	介護技術が高まる
	利用者本位のサービスが提供できていない	⇔	利用者本位のサービスが提供される
財務	研修会参加などの教育への投資（予算）が減らされている	⇔	研修会参加などの教育への投資に資金を投入できる
	収入が下がっている	⇔	収入が増える
	利用者が減っている	⇔	リピートや新規紹介などの利用者が増える
	赤字経営となっている	⇔	適正な利益が生み出される

著者作成

　変換作業を終えたら、それら重点目標を因果関係図に当てはめてみて、しっかりと文章が流れるかどうかを確認してください（図表2-7-10）。

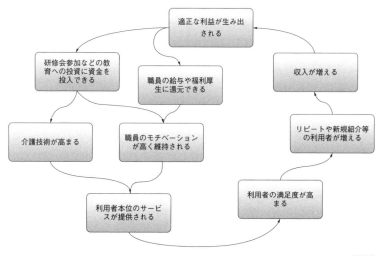

【図表2-7-10】変換の流れが適切かどうかを確認

著者作成

　この正の因果関係図こそが、経営戦略の骨子となり、それぞれの目標を達成することで、ビジョンの実現が可能となるのです。
　負の因果関係図と同じく繋いでみると、

> 　「利用者の満足度が高まる」ことで、「リピートや新規紹介などの利用者増え」、その結果、「収入が増え」、「適正な利益が生み出される」。
> 　そのために、「職員の給与や福利厚生に還元でき」、また、「研修会参加などの教育への投資に資金が投入でき」る。これにより、「介護技術が高まる」ことや、「職員のモチベーションが高く維持される」という効果を生み、「利用者本位のサービスが提供される」ことが可能となる。
> 　そのため、ますます「利用者の満足度が高ま」って……

113

という正の循環のストーリーが完成します。

このようにして導き出された経営戦略は、見方によっては「ごく当たり前」のことであるように見えるのかもしれません。

「経営戦略」という言葉を聞くとどうしても何か特別な打ち手を示さなければならないと思いがちですが、そうではありません。

むしろ、これまでの法人のスタンスを無視して、例えば、「これまでの地域でのサービス提供をやめて、市場として魅力的な〇〇地域への事業展開を行う。そのために、法人資源の集中投資による有料老人ホームの運営にシフトする」といったような経営戦略は、そのインパクトの大きさから法人の存続に大きな影響を与えかねない決断であり、より詳細な市場分析やリスク評価を行わなければなりませんし、場合によっては外部の専門家の知見も必要となってくるでしょう。

これまでの調査・分析から導き出された一見「ごく当たり前」に見える戦略であっても、その戦略への具体的取り組みをしっかりと検討することで、法人独自の「経営戦略」となるはずです。

こちらも重点目標への変換用のひな形を示しておきますが、この様式の左側に記載される本質的課題は、負の因果関係図の作成によって新たに追加された本質的課題も含めて記載することとなりますし、右側に記載される重点目標もまた同様です(図表2-7-11)。

[図表2-7-11] 本質的課題から重点目標への変換用シート

自法人カテゴリーの項目	現状を引き起こしている本質的課題		重点目標
理念・風土		⇕	
マネジメント		⇕	
人材・教育		⇕	
組織管理・システム		⇕	
広報・営業		⇕	
サービス提供		⇕	
財務		⇕	

著者作成

（6）経営計画書への記載

　この因果関係図は、個々の重点目標と矢印の流れによって、そのストーリーを視覚的に把握することができるわけですが、経営計画書や事業計画書においては文章にして伝わるようにしなければなりません。この事例をもとに経営計画書における経営戦略を文章に起こしてみると、次のようになります（図表2-7-12）。

【図表2-7-12】経営戦略を反映させた経営計画書の記載例

```
　　　　　平成○年度～平成○年度　社会福祉法人○○会　中期経営計画

                        ≪法人の現状≫
【法人概況】
…………………………………………………………………
【現状と見えてきた課題】
…………………………………………………………………

                    ≪中期経営計画の基本構想≫
　当法人は「…………」という基本理念に基づき、法人の目指すべき姿として、中期ビジョン：「…………」、「…………」、「…………」を策定した。平成○年度からの○年間はその実現に向けて、以下の基本戦略に基づく重点目標の達成を目指す。

【基本戦略】
・利用者の顧客満足度を高めることによって、既存利用者のリピート率の向上や、口コミ・紹介等による新規利用者数の増加を目指すこと。
・利用率向上・収入増加によって確保された利益を原資に、以下の項目への重点投資を行うこと。
　➢職員の給与改善及び健康管理や文化・余暇活動等の福利厚生制度の充実
　➢介護技術や自己啓発研修等の職員教育・育成
・職員の給与改善及び健康管理や文化・余暇活動等の福利厚生制度の充実への重点投資により、職員の就業へのモチベーションを高めること。
・介護技術や自己啓発研修等の職員教育・育成への重点投資により、介護技術の向上を図るとともに、職員の就業へのモチベーションを高めること。
・介護技術や職員の就業モチベーションの向上によって、利用者本位のサービス提供を徹底し、さらなる利用者満足度の向上に取り組むこと。

【重点目標】
Ⅰ．利用者の満足度を高める
…………………………………………………………………
…………………………………………………………………

Ⅱ．リピートや新規紹介等の利用者を増やす
…………………………………………………………………

Ⅲ．収入を増やす
…………………………………………………………………

Ⅳ．適正な利益を確保する
```

著者作成

8 具体的な取組項目の選択【ステップ4】

(1) 外部環境を考慮した取組項目の選択

これまでの作業によって、法人の経営戦略が立案されます。

しかし、このままでは誰一人行動に移すことはできないでしょう。

戦略は、戦術に落とし込んで初めてその意味をなすものです。

安直に示した実行策が実現の可能性の低いものばかりでは、誰も本気で取り組もうとは思わないでしょうし、いくら納得性の高い目標を掲げても、その目標達成のための手段（取組項目）が示されなければ経営計画自体がまさに絵に描いた餅になってしまいます。

重点目標を達成するための取組項目はあまた存在しますが、それらの取組項目のうち、実現可能性や実行による影響度、難易度などを考慮して、選択していく必要があります。

そこで、ステップ1で調査・分析したさまざまな外部環境を考慮して、具体的な取組項目を選択していきます。

(2) モレなくダブりなく分解

取組項目は、それぞれの達成目標に対する具体的な手段・方法を示すものであり、一つの「重点目標」に対して複数の「取組項目」が挙がることも多くありますし、その取組項目の数だけ「重点目標」達成への推進力が強くなることになります。

取組項目を検討する際のポイントは「分解して考える」ということです。

例えば、「収入を増やす」という重点目標の分解の方法を考えてみましょう。

「入所の収入を増やす／短期の収入を増やす／デイの収入を増やす」や「報酬本体を増やす／加算にかかる報酬を増やす」というものが思い浮かぶのではないでしょうか。さらに、「利用延べ人数を増やす／利用者1人1日当たりの報酬単価を上げる」というのも分解（因数分解）です（図表2-8-1）。（分解については「コラム2」参照）

【図表2-8-1】重点目標の分解

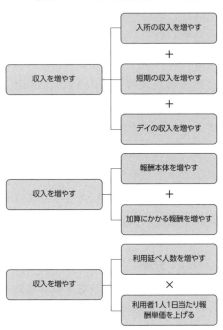

著者作成

どれが正解というわけではありませんが、分解によって出てきた各要素が、それぞれモレがなく、ダブりがない状態であれば適切に分解がされているということになります。
　この分解によって、具体的な取組項目が検討しやすくなると同時に、検討漏れを防止できるというメリットがあります。
　先ほどの「収入を増やす」という事例を用いて重点目標に対する取組項目を挙げてみましょう（図表2-8-2）。

【図表2-8-2】分解した重点目標から取組項目を挙げる

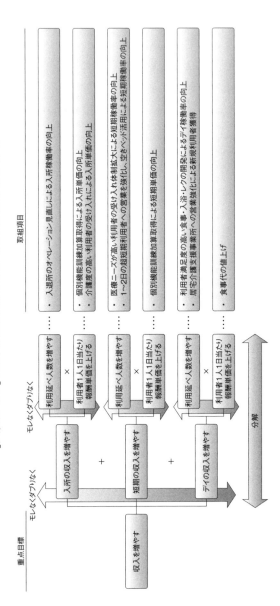

著者作成

ただ、注意していただきたいのが、多くの取組項目を出せばよいというわけではなく、その影響度や難易度、実現可能性などを考慮して取捨選択を行う必要があるということです。

取組項目として挙げられた内容は、実際に現場職員が取り組むべき業務となりますので、思いつく限りのものをすべて挙げてしまうと、到底達成ができないという状況が生じてしまいますし、そのボリュームの多さに、計画を見た段階で職員の気持ちが滅入ってしまうことも考えられます。

3〜5年程度の中期経営計画としてふさわしいボリュームを意識し、優先度を考慮して列挙するようにしましょう。

(3) 外部環境を根拠にする

そして、この取組項目を検討するにあたっては、分解による項目出しの考え方を踏まえつつ、法人を取り巻く外部環境をしっかりと考慮していかなければなりません。

例えば、「費用の適正化」という重点目標に対して、以下の3つの取組項目の候補を挙げたとします。

- 「節電に対する啓蒙活動による光熱費の抑制」
- 「競争入札による業務委託契約の見直し」
- 「学生に絞った職員採用による人件費抑制」

しかし、もしもこの地域に大型介護施設がいくつも建設中で、それらの施設が活発に学校回りなどの採用活動を行っている状況があり、さらに、この地域の労働者の都市部流出が加速している状況であったとしたら……。

もはや、「学生に絞った」などと悠長なことを言っている場合ではないのかもしれません。

この場合、「学生に絞った職員採用による人件費抑制」という「費

用の適正化」に対する取組項目は、難易度が高いだけでなく、採用計画にも影響を及ぼし、最悪のケース、学生以外の採用の機会を設けなかったことで人材確保に窮し、配置基準を満たせなくなる可能性まで出てくるかもしれません。

　このように、外部環境を的確に捉えて取組項目を検討することが、経営計画策定においては重要となってくるため、どのような外部要因を踏まえて、それらの取組項目が選択されたのかの根拠を明確にしておく必要があります(図表2-8-3)。

【図表2-8-3】外部環境を考慮して取組項目を選択

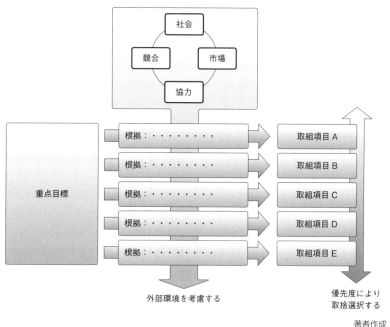

著者作成

先ほどの「収入を増やす」という事例での重点目標に対する取組項目について、外部要因を考慮してみると図表2-8-4になるでしょう。

　なおこの事例では、「1～2日の超短期利用者への営業を強化し、空きベッド活用による短期稼働率の向上」と「食事代の値上げ」という2つの取組項目については外部環境を考慮した結果、取組項目からは除外しています。

　1つ目の「1～2日の超短期利用者への営業を強化し、空ベッド活用による短期稼働率の向上」という取組項目については、競合分析から他の民間事業者が短期入所予約システムによるコントロールを得意としているなかで競争が激化していることや、お泊まりデイが近隣に増え、超短期の利用者は使い勝手がよいお泊まりデイに流れているという実態、そして協力者分析からは、数週間の受け入れを希望する居宅介護支援事業所からの依頼が多いなかで、超短期の散発的な利用が弊害になっているという声が多いことから、競争が激しい超短期の市場ではなく、潜在的ニーズがありそうな居宅介護支援事業所から頼られるような短期事業を目指すこととしました。

　2つ目の「食事代の値上げ」という取組項目については、マクロ分析から材料費の高騰は全国的な状況であり、当法人だけが厳しいわけではないこと、市場分析から食事代についての負担感が大きいと感じる利用者家族が多いという声や、所得層が高くない地域であり、料金負担が原因でサービスを断る世帯も増えているという実態があること、そして競合分析から近隣のデイサービスの食事代はどこも500円以下であり、値上げの気配は今のところないことから、この時点での食事代の値上げは、利用者離れを引き起こす可能性が高いとみて、現状維持でいくことにしました。

　こちらもひな形を示しておきます(図表2-8-5)。

【図表2-8-4】外部環境を考慮した取組項目の選択例

項目	重点目標	外部環境要因の影響					取組項目
		社会	市場		競合	協力	
		[政治] …… [経済] …… [社会] …… [技術]	[地域市場] …… [利用者]		[同業者業界] …… [競合他業者]	[協力者業界] …… [協力者・連携者]	
財務	収入を増やす	・特養の入所希望者数は依然として多いが、近隣に入所施設が整備されつつあり、待機者の入所期間情報の共有など医療機関との連携が困難な環境がある ・介護報酬の改定では機能訓練や看取りなど、施設の機能性に対する加算が重視されている傾向がみられる ・近隣で個別機能訓練を実施していない施設はない ・介護度の高い入所サービスへの優先受入は特養の使命である ・介護度の高い利用者は近隣の有料老人ホームでの受入が困難としている施設はない ・医療ニーズの高い利用者受入が進まない状況があり、近隣の医療機関からの地域移行は進んでいない ・医療のA法人は胃瘻やストマ、在宅酸素などの医療ニーズの受け入れが多いといったクレームが多い ・民間事業者は短期入所サービスをコントロールしているまい ・お泊まりデイサービスが近隣に増え、超短期の利用者は使い勝手がよいお泊まりデイに流れている ・数週間の受けが希望する短期今介護支援事業所からの超短期の利用の最新的な利用機会の獲得が難しくなっている ・介護報酬の改定では機能訓練や看取りなど、施設の機能性に対する加算が重視される傾向がみられる ・近隣で個別機能訓練を実施していない施設はない ・利用者のサービスに対する選別眼が高まり、他事業所への評判はシビアになっている ・職員の対応の悪さはすぐに地域に広がり、利用者獲得につながる恐れがあるだけでなく、スタッフ確保や連携先とユニット型施設や株式会社のデザイン性の高い施設が増えるなかでサービスでの差別化が必要 ・新たな居宅介護支援事業所が増えている一方で、以前からの居宅介護支援事業所も担当者の定年等で変わっている ・物価が上がっており材料費の高騰は全国的な状況 ・食事代については負担感が大きいと感じる利用者家族が多い ・近隣のデイサービスの食事代はどこも500円以下であり、値上げの気配はない ・所得層は高くなく、介護サービスに対するニーズは高いが所得負担が原因でサービスを断る世帯も増えている		・入退所のオペレーション見直しによる入所稼働率の向上 ・個別機能訓練加算取得による入所単価の向上 ・介護度の高い利用者の受け入れによる入所単価の向上 ・医療ニーズが高い利用者受け入れ体制拡大による短期稼働率の向上 ・1～2日の超短期利用者への営業を強化し、空きベッド活用による短期間稼働率の向上 ・個別機能訓練加算取得による短期単価の向上 ・利用者満足度の高い食事・入浴・レクの開発によるデイ稼働率の向上 ・居宅介護支援事業所への営業強化による新規利用者獲得 ・食事代の値上げ

著者作成

(4)経営計画書への記載

　これらの取組項目も経営計画書においては重要な掲載情報です。具体的な取り組みにまで計画を落とし込んでいることを示すことで、外部への説明力も増してくるはずです。

　記載のイメージは**図表2-8-6**のようになるでしょう。

【図表2-8-6】取組項目を反映させた経営計画書の記載例

平成〇年度～平成〇年度　社会福祉法人〇〇会　中期経営計画

≪中期経営計画の基本構想≫

【重点目標】
Ⅰ.利用者の満足度を高める

　①
　②
　③

Ⅱ.リピートや新規紹介等の利用者を増やす

　①
　②

Ⅲ.収入を増やす
　介護技術や職員の就業モチベーションの向上が、さらなる利用者満足につながることから、職員の給与改善及び健康管理や文化・余暇活動等の福利厚生制度の充実、介護技術や自己啓発研修等の職員教育・育成のための投資資金として利益の確保は絶対条件である。本中期経営計画では、利益確保に向けて収入の増加を図ることとし、以下の取組を行うこととする。
　① 入退所のオペレーション見直しによる入所稼働率の向上
　　　法人と利用者の間のサービス利用契約の解除が行われた場合や、利用者が帰ってくる見込みはあるが相当の期間、ベッドが空いてしまうことが確実な場合などについて、速やかに空いたベッドを活用することで、ベッド稼働率を高めることを目指す。新たな入所者や空ベッドの短期利用者の決定までの一連の手続きを見直すことで、リードタイムを短縮し、稼働率向上を行う。
　② 個別機能訓練加算取得による入所単価の向上

　③ 介護度の高い利用者の受け入れによる入所単価の向上

　④ 医療ニーズが高い利用者の受け入れ体制拡大による短期稼働率の向上

　⑤ 個別機能訓練加算取得による短期単価の向上

　⑥ 利用者満足度の高い食事・入浴・レクの開発によるデイ稼働率の向上

　⑦ 居宅介護支援事業所への営業強化による新規利用者獲得

Ⅳ.適正な利益を確保する

著者作成

9　3〜5年間の経営計画への落とし込み【ステップ5】

（1）期間、達成基準、年度ごとのラインの3つを設定

　前項では重点目標を達成するための取組項目の選択作業を行ってきました。ここでは、選択された取組項目の実施にむけた計画を立てていきます。

　「取組項目」は、それぞれの「重点目標」に対する具体的な手段・方法を記載したものですので、あとはこの項目ごとに、いつから取り組みをスタートし、いつまでに成果を出すのかという期間、何が達成できれば成果が出たとみなすのかの基準、その成果に至る過程で年度ごとにクリアするラインの3つを明確にすればよいわけです。

　また、例を使って見ていきましょう。

　先ほどの例では、収入を増やすという重点目標が設定され、その重点目標を達成するため、「モレなくダブりなく」を意識して入所、短期、デイに分解し、またそれぞれのサービスを利用者の延べ人数と単価に分解をしました。

　そしてそれぞれの項目において外部環境要因を考慮した結果、図表2-8-4のとおり、

　「入退所のオペレーション見直しによる入所稼働率の向上」

　「個別機能訓練加算取得による入所単価の向上」

　「介護度の高い利用者の受け入れによる入所単価の向上」

　「医療ニーズが高い利用者の受け入れ体制拡大による短期稼働率の向上」

　「個別機能訓練加算取得による短期単価の向上」

　「利用者満足度の高い食事・入浴・レクの開発によるデイ稼働率

の向上」

「居宅介護支援事業所への営業強化による新規利用者獲得」

の7つの取組項目が選択されました。

今回の例では、中期経営計画として3年を対象期間としました。

それぞれの項目ごとに、3年という期間において、いつからいつまでを実施期間とするのか、どのような結果が達成を意味するのか、初年度・次年度・最終年度の年度ごとの達成ラインをどこに設定するのかを決めていきます。また、必要であればその取り組みを所轄する担当部署を明記します。

まず「入退所のオペレーション見直しによる入所稼働率の向上」という取組項目について見ていきます。

この項目は、特別養護老人ホームにおいて、利用者がなんらかの理由によって入院し、その後施設へ帰ってくることが困難であることがわかり、法人と利用者の間のサービス利用契約の解除が行われた場合や、利用者が帰ってくる見込みはあるが相当の期間、ベッドが空いてしまうことが確実な場合などについて、速やかに空きベッドを活用することで、稼働率を高めることを目指すものです。

前者は面談や入所判定会議の開催、施設見学、健康診断、重要事項説明、契約などの手続きを経て新たな入所者を決定し、利用に繋げるまでのリードタイムの短縮が稼働率向上に貢献し、後者も、入院された利用者及び家族の空きベッド利用の同意、ケアマネジャーなどへの短期利用希望者の有無の確認などを含めた空きベッドの短期利用についてのリードタイムの短縮が稼働率向上に貢献します。

オペレーション見直しは「この方法がベスト！」というものがあるわけではなく、常に継続的改善が求められるものですので、いつからスタートしいつまでに成果を出すかという期間については、初年度から最終年度までの3年間すべてとしました。

次に、何が達成できれば成果が出たとみなすのかの基準ですが、ベッドがなんらかの理由によって空いてしまってから、そのベッドが再び利用されるまでの日数が短縮されたのかどうかという「退所・入院後のベッド稼働までの平均空床期間の短縮率」と「入所稼働率」をモニタリングすべき達成基準としました。

その成果に至る過程で年度ごとにクリアするラインは、初年度「3%down（短縮率）／96%（稼働率）」、次年度は「5%down（短縮率）／97%（稼働率）」、最終年度は「7%down（短縮率）／98%（稼働率）」と設定しました（図表2-9-1）。

【図表2-9-1】期間、達成基準、年度ごとのラインの設定

項目	重点目標	取組項目	モニタリングすべき達成基準	担当部署	初年度目標	次年度目標	最終年度目標
財務	収入を増やす	入退所のオペレーション見直しによる入所稼働率の向上	退所・入院後のベッド稼働までの平均空床期間の短縮率／入所稼働率	相談課	3%down／96%	5%down／97%	7%down／98%

著者作成

次に、「個別機能訓練加算取得による入所単価の向上」という取組項目についても見ていきましょう。

この例では、今後の介護報酬の改定の流れや他の事業者の動向を踏まえ、ADL（Activities of Daily Living：日常生活動作）やIADL（Instrumental ADL：手段的日常生活動作）の向上への取り組みが今後の法人運営において重要であると捉え、現在未実施のために算定していない個別機能訓練加算の取得を取組項目として設定しました。

個別機能訓練加算の取得には、その業務を担当する機能訓練指導員の配置と、個別機能訓練計画に基づいた計画的な実施が求められていますが、それらの業務を担当する人材の確保や個別機能訓練計

画の作成・実施に対する知見習得の期間を考慮して、初年度は準備期間、次年度に取得を目指すという期間設定を行いました。

次に何が達成できれば成果が出たとみなすのかの基準ですが、個別機能訓練加算の取得の有無をモニタリングすべき達成基準としました。

その成果に至る過程で年度ごとにクリアするラインは、初年度はなし（準備期間）、次年度は「取得」、最終年度はなし（維持）と設定しました。

その他の取組項目についても例示を示しておきます（図表2-9-2）。

【図表2-9-2】中期経営計画への落とし込み

項目	重点目標	取組項目	モニタリングすべき達成基準	担当部署	初年度目標	次年度目標	最終年度目標
財務	収入を増やす	入退所のオペレーション見直しによる入所稼働率の向上	退所・入院後のベッド稼働までの平均空床期間の短縮率／入所稼働率	相談課	3%down／96%	5%down／97%	7%down／98%
		個別機能訓練加算取得による入所単価の向上	加算の取得	看護課	―	取得	―
		介護度の高い利用者の受け入れによる入所単価の向上	平均要介護度	相談課	3.8	3.9	4
		医療ニーズが高い利用者の受け入れ体制拡大による短期稼働率の向上	断りの減少率／短期稼働率	介護課	3%down／80%	5%down／85%	7%down／90%
		個別機能訓練加算取得による短期単価の向上	加算の取得	看護課	―	取得	―
		利用者満足度の高い食事・入浴・レクの開発によるデイ稼働率の向上	利用者満足度／デイの稼働率	介護課	85%／68%	90%／70%	95%／75%
		居宅介護支援事業所への営業強化による新規利用者獲得	新規営業件数	相談課	50件	50件	50件

著者作成

ポイントはできるだけ数値的な管理ができる達成基準を設定することです。基準があいまいでは職員の目標意識が薄れてしまうばかりか、その成果や効果が測定できないために、はたしてその取り組みが法人全体の経営戦略においてビジョンの実現に貢献しているのかどうかがわからなくなってしまいます。
　こちらもひな形を示しておきます(図表2-9-3)。

【図表2-9-3】中期計画の達成ライン確認用シート

項目	重点目標	取組項目
理念・風土		
マネジメント		
人材・教育		
組織管理・システム		
広報・営業		
サービス提供		
財務		

モニタリングすべき達成基準	担当部署	○年度目標	○年度目標	最終年度目標

著者作成

（2）経営計画書への記載

　経営計画書にはこの表をそのまま載せてもよいかもしれませんし、担当部署ごとにまとめて記載してもよいでしょう。
　一表にすることで取組項目間のバランスや計画の関連性を読み取ることができるようになります(図表2-9-4)。

【図表2-9-4】中期経営計画への落とし込みを反映させた経営計画書の記載例

平成○年度～平成○年度　社会福祉法人○○会　中期経営計画

≪中期経営計画の基本構想≫

【基本戦略】
……………
【重点目標】
……………

≪部門別取組項目≫

【本部】
……………

項目	重点目標	取組項目	モニタリングすべき達成基準	担当部署	○年度目標	○年度目標	最終年度目標
人材・教育	………	………	………	本部	………	………	………
		………	………	本部・相談課	………	………	………
		………	………	本部	………	………	………

【相談課】
相談課の中期における取組項目は人材・教育、サービス提供、財務のそれぞれで○項目を計画する。
人材・教育においては…………………、サービス提供においては…………………

項目	重点目標	取組項目	モニタリングすべき達成基準	担当部署	○年度目標	○年度目標	最終年度目標
人材・教育	………	………	………	本部・相談課	………	………	………
		………	………	相談課	………	………	………
		………	………	相談課	………	………	………

項目	重点目標	取組項目	モニタリングすべき達成基準	担当部署	○年度目標	○年度目標	最終年度目標
サービス提供	………	………	………	相談課・看護課	………	………	………
		………	………	相談課	………	………	………
		………	………	相談課	………	………	………

項目	重点目標	取組項目	モニタリングすべき達成基準	担当部署	○年度目標	○年度目標	最終年度目標
財務	収入を増やす	入退所のオペレーション見直しによる入所稼働率の向上	退所・入院後のベッド稼働までの平均空床期間の短縮率／入所稼働率	相談課	3%down／96%	5%down／97%	7%down／98%
		介護度の高い利用者の受け入れによる入所単価の向上	平均要介護度	相談課	3.8	3.9	4
		居宅介護支援事業所への営業強化による新規利用者獲得	新規営業件数	相談課	50件	50件	50件
	………	………	………	………	………	………	………
		………	………	………	………	………	………

著者作成

10 年度ごとの事業計画への分解【ステップ6】

(1) 事業計画は経営計画の分解

　ここでは、経営計画に基づいた年度ごとの事業計画の策定について説明します。

　3年や5年といった中期の経営計画は立てていないけれども、毎年の事業計画書は作成しているという事業者も少なくないでしょう。

　しかし、本来、事業計画は経営計画の分解結果にすぎず、経営計画なくしては存在しないものであるはずです。

　介護事業者からは、「ちゃんと将来の目標はあるし、その目標に向かって計画を立てている。毎年場当たり的な事業計画を立てているわけではない」という声が上がるかもしれません。

　そういう意味では、厳密に言えば、中期の経営計画の視点を意識した事業計画書を作成しているといえるのかもしれませんが、その経営計画の視点を経営者だけが「意識」するのではなく、職員や外部利害関係者が共有することが重要なのです。

　職員にとってみれば、毎年ノルマのように掲げられる単発的な目標を淡々とこなしていくのか、それとも、達成を求められているその目標が、何年後にどの成果に結びつき、それが法人の目指す姿の実現のどこに貢献し、利用者や職員自身にとってどのような良い効果をもたらすのかを理解して取り組むのかで、その取り組みへの意欲はまったく異なってくるはずです。

　そして、そのロードマップが経営戦略であり、経営計画なのです。

（2）スケジュールは5W1Hを意識

　「事業計画は経営計画の分解」といっても難しいことをするわけではなく、経営計画で策定した各取組項目について、5W1H（○○のために〈Why〉、○○は〈Who〉、○○に対して〈Whom〉、○○を〈What〉、○○という方法で〈How〉、○○までに〈When〉、実施する）を意識してより詳細にスケジュールを組んでいくだけです。

　さっそく具体例を見ていきましょう（図表2-10-1）。

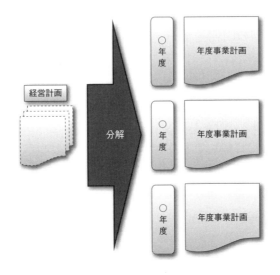

【図表2-10-1】経営計画から年度ごとの事業計画へ

著者作成

　5W1Hのうち、すでに「○○のために(Why)」、「○○を(What)」の項目はこれまでの作業で明らかにされています。

　「入退所のオペレーション見直しによる入所稼働率の向上」という取組項目の例でみれば、「入所稼働率の向上」が(Why)、つまり目的を示しており、「入退所のオペレーション見直し」が(What)、つまり入所稼働率の向上のための取組内容を示しています。

　では残りの項目について検討していきます。

　まずは(Who)、誰がこの取組項目に関して責任をもって実施していくのかを定めなければなりません。その際には、実際の担当者と、その管理を行う責任者をそれぞれ明確にすることで実行性が高まります。

　今回、入退所のオペレーション見直しは、ベッドコントロールを行う部署が中心となって担当すべきであるという議論を経て、「相

談課の課長」が責任者となり、担当者はベッドコントロールに関わる部署から横断的に集めることとし、「相談課の職員A氏と介護課のB氏、看護課のC氏」を参画させることとしました。

次に、この取組項目に対する(Whom)、つまり誰に対してアクションを起こしていくのかですが、ベッドコントロールのオペレーションの変更は現場の職員に周知してもらわなければならない事項であるため、「職員」と設定します。これで年間スケジュールを組む際にも、いつ職員に周知するのかなどの具体的段取りのイメージが湧きやすくなります。なお、(Whom)に外部の関係者が関わってくる場合にはその調整も段取りに入れておかなければなりません。

最後に(How)と(When)、つまり年間スケジュールの中で、どのような行為をいつ行うかを決定していきます。

今回は、4～5月の2か月間で、現状分析とリスク評価を行うこととしました。現在退所から新たな入所までにどの程度の日数がかかっているのか、それはどのような場合に長くなるのかといったような現状の分析と、その期間を短縮しようとした場合に利用者や職員、ケアマネジャーなどの外部関係者にどのような影響が生じうるのかを検討します。

6～7月の2か月間で、それらを考慮した新たなルールづくりを行うこととし、職員へのルールの周知が重要と考え、8月の1か月間は新たなルールの周知期間として設けることもスケジュールに入れました。

その後、9月から実際に新ルールを実施し、そのモニタリングを継続することを1年間のスケジュールとして設定しました。

その他の項目も含めて例示を載せておきます(図表2-10-2)。

【図表2-10-2】年度事業計画例

項目	重点目標	取組項目	モニタリングすべき達成基準	担当部署	○年度目標	責任者	実施者	アクション先	4月	5月	6月	7月	8月	9月	10月	11月	12月	1月	2月	3月
財務	収入を増やす	入退所のオペレーション見直しによる入所稼働率の向上	退所・入院後のベッド稼働までの平均空床期間の短縮率/入所稼働率	相談課	3%down/96%	相談課長	A氏 B氏 C氏	職員	現状分析・リスク評価		ルール策定		ルール周知	ルール実施・モニタリング						
		個別機能訓練加算取得による入所単価の向上	加算の取得	看護課	―	看護課長	D氏 E氏	看護師・OT・PT						なし						
		介護度の高い利用者の受け入れによる入所単価の向上	平均要介護度	相談課	3.8	施設長	介護課長	―	現状分析・リスク評価		入所判定ルールの見直し検討			ルール実施・モニタリング						
		医療ニーズが高い利用者の受け入れ体制拡大による短期稼働率の向上	断りの減少率/短期稼働率	介護課	3%down/80%	介護課長	F氏	職員、ケアマネ、医療機関	現状分析・リスク評価		受け入れ基準の見直し			受け入れ体制整備					受け入れ開始	
		個別機能訓練加算取得による短期単価の向上	加算の取得	看護課	―	看護課長	G氏 H氏	看護師・OT・PT						なし						
		利用者満足度の高い食事・入浴・レクの開発によるデイ稼働率の向上	利用者満足度/デイの稼働率	介護課	85%/68%	介護課長	介護主任	職員	サービス見直し検討				広報	新サービス実施						
		居宅介護支援強化による新規事業所の営業件数による新規利用者獲得	新規営業件数	相談課	50件	相談課長	相談主任	ケアマネ、地域包括支援センター	営業先選定					随時実施						

著者作成

このように、年間のスケジュールを時系列で把握することで担当者が作業をイメージをしやすくなりますし、責任者はその進捗を管理しやすくなります。
　部署ごとの事業計画はこのように作成された法人全体の事業計画のうち、各部署に関連するものを抜き出して管理すればよいでしょう。この表がそのまま事業計画書に反映されることになります。
　こちらもひな形を示しておきます(図表2-10-3)。

(3) 各ステップにおける成果物と計画書の関係
　これまでの各ステップでの成果物と、経営計画書、事業計画書の関係を示すと次のようになります(図表2-10-4)。

第2章 介護事業者における経営計画・事業計画のつくり方

【図表2-10-3】年度事業計画シート

項目	重点目標	取組項目	モニタリングすべき達成基準	担当部署	○年度目標
理念・風土					
マネジメント					
人材・教育					
組織管理・システム					
広報・営業					
サービス提供					
財務					

責任者	実施者	アクション先	4月	5月	6月	7月	8月	9月	10月	11月	12月	1月	2月	3月

著者作成

【図表2-10-4】各ステップでの成果物と計画書の関係

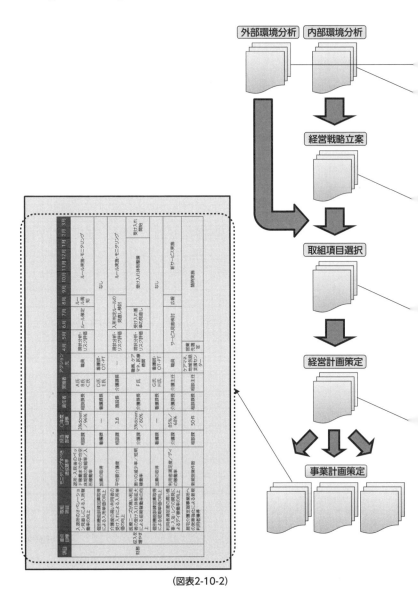

(図表2-10-2)

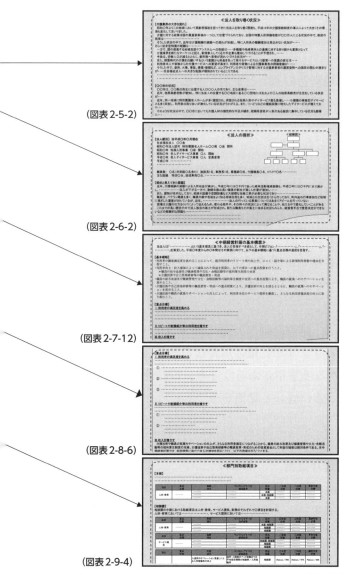

(図表 2-5-2)

(図表 2-6-2)

(図表 2-7-12)

(図表 2-8-6)

(図表 2-9-4)

著者作成

11 計画を管理する

（1）計画の達成には経営者の信念と覚悟が必要

　最後に、策定した計画の管理について説明をします。

　これまでの一連の作業によって、経営計画書や事業計画書が完成します。

　対外的な説明資料としては、これら計画書自体が、一つの成果として意味をなすものではありますが、一方で、計画は、策定することが目的ではなく、策定された計画を職員が実行に移し、法人のビジョンを実現することが目的となるわけです。

　いかに見栄えのよい経営計画書や事業計画書が存在していても、それらが手垢ひとつつかずに経営者の書棚にしまわれていては意味がありません。

　ここでは、経営計画・事業計画を実際に実行していくにあたってのポイントを挙げていきますが、最も重要なことは、経営者である理事長や社長が「いかなる事情があろうとも、この計画を絵に描いた餅にしない」という強い信念と覚悟をもつということに尽きるでしょう。

（2）こまめな進捗管理が重要

　経営計画・事業計画を絵に描いた餅にしないためには、こまめに進捗管理を行うことです。

　毎月の経営会議で必ず各重点目標や取組項目の進捗状況の報告を行い、スケジュールどおり取り組みが行われているのか、スケジュールどおりでなければ何が原因なのか、それは改善できることなのか、

場合によってはスケジュールや計画自体を修正しなければならないのかを速やかに判断し、次の行動に移すことです。つまり、PDCAサイクルのCheckとActionが重要なのです。

　そこで、経営計画・事業計画の管理においては、ステップ5、ステップ6で作成した表を活用して行うことをお勧めします。経営計画書や事業計画書は通常、文章として作成されることが多いと思いますが、文章化された経営計画・事業計画は、それを読む人が理解をしやすいように、構成し直したり、文言の修飾をしているため、経営者や管理者による進捗管理にはあまり適しません。

　とくに日々の管理においてはステップ6の事業計画における月単位での進捗管理が重要となります。

　この表の良い点は進捗状況と全体観の把握のしやすさです。

　年度目標を達成するためには何月を要するのか、現在どこまで達成できているのかを時系列で把握することができ、かつ、その担当者や責任者が明らかになっているので、直接、状況報告を受けることもできるのです。

　スケジュールどおり計画が進行しているのであれば、報告を受けた後にその月の欄に実績数値を付記したり、経営者が確認印を押すなどして管理すればよいでしょう(図表2-11-1)。

　また、必要であれば、定型の様式を作成し、取組項目ごとの進捗報告書を作成することも検討してください。どこまでするかは、職員の負担などを考慮して判断する必要がありますが、書面で管理することで各取組項目に対する責任者・担当者の意識が高まることは確かです。

【図表2-11-1】確認印と実績記入による管理

項目	重点目標	取組項目	モニタリングすべき達成基準	担当部署	○年度目標	責任者	実施者	アクション先	4月	5月	6月	7月	8月	9月	10月	11月	12月	1月	2月	3月
財務	収入を増やす	入退所のオペレーション見直しによる入所稼働率の向上	退所・入院後のベッド稼働までの平均空床期間の短縮率／入所稼働率	相談課	3%down／96%	相談課長	A氏 B氏 C氏	職員	現状分析・リスク評価㊞ 93%	㊞ 94%	ルール策定㊞ 93%	㊞ 97%	ルール周知㊞ 95%	ルール実施・モニタリング						
		介護度の高い利用者の受け入れによる入所単価の向上	平均要介護度	相談課	3.8	施設長	介護課長	―	現状分析・リスク評価 3.7	㊞ 3.8	入所判定ルールの見直し検討㊞ 3.8	㊞ 3.6	ルールの集計㊞ 3.6	ルール実施・モニタリング						
		居宅介護支援事業所への営業強化による新規利用者獲得	新規営業件数	相談課	50件	相談課長	相談主任	ケアマネ、地域包括支援センター	営業課題検討	㊞ 3件	㊞ 4件	0件	0件	随時実施						

著者作成

　外部環境を調査・分析したうえで、自法人の現状を把握し、できる限りの情報収集と議論を尽くして立てた計画は、そう簡単に修正すべきものではありません。そういった意味では、経営者は、「いかなる事情があろうとも、この計画を絵に描いた餅にしない」という強い信念と覚悟をもつことが必要であると述べました。

　しかし、例えば、職員の一斉退職や災害による建物損壊など、法人の有する人材や設備などの資源が、なんらかの理由によって大きく毀損した場合や、予期せぬ外部環境の変化が起きた場合など、計画の実施が困難となることも想定されます。

　その際には速やかに計画の修正を行う必要がありますし、また、経営者はそうしたアクシデントをすぐに把握できるように日々、内外に対してアンテナを張り巡らせておかなければなりません。

（3）経営計画・事業計画を反映した予算づくり

　会計に精通する人間は、仕訳日記帳や総勘定元帳などの会計帳簿や決算書に記載された数字の羅列を見ながら、実際の活動の様子がイメージできるといいます。なぜなら、これらの数字は法人の行うすべての経済活動の記録であるからです。

利用者に食事を提供するという活動が行われれば、食材費や人件費などのコストが発生しますし、職員の教育研修という活動には、研修費がかかります。利用者数が減れば介護報酬収益が減少しますし、空調機器が壊れれば修繕費が発生します。

このように、法人の活動と会計は連動しており、活動を計画するものが経営計画・事業計画であるならば、それは予算である会計にも影響を与えることとなります。

つまり、経営計画・事業計画の策定内容は、予算にもしっかりと反映させなければいけないということです。

経理担当者は、経営計画・事業計画の内容をしっかりと把握し、それらを加味した予算書を作成するとともに、毎月、予算と実績との予実対比を行って経営者に報告することで、経営計画・事業計画の進捗管理の補足資料とするとよいでしょう。

（4）職員のモチベーションがビジョン実現のカギ

最後に、もっとも重要な話をします。

介護業界はよく労働集約型産業といわれます。しかしそれは単に、業務全体に占める人間の労働力の割合が大きいというだけの話ではなく、「ヒト」が大事な業界であるということです。

介護サービスを受ける利用者という「ヒト」に対して、職員である「ヒト」が介護をする。「ヒト」と「ヒト」との関わり合いが介護の根幹にあるのです。

語弊があるかもしれませんが、製品を製造するのであれば、そこには「ヒト」としての人間は必要ありません、機械でもよいかもしれません。

しかし、介護という現場においては、利用者に対する愛情をもち、利用者への理想の介護を追い求め、利用者の笑顔によって達成感や

満足感を得る「ヒト」が、必要なのです。
　ぜひ、職員のモチベーションを高め、職員がより働きやすくなるために、計画で"縛りつける"のではなく、計画で"導いていける"ような経営計画・事業計画を策定してください。

　そして、それらの計画を実行するのも職員です。
　計画の達成がどれほど職員自身にとって良いこととなるのかをしっかりと説明してください。経営者自身の言葉やしっかりとした制度によって職員の活動の成果を評価してください。
　そうした取り組みが、さらに職員のモチベーションを高め、ビジョンの実現に近づくのです。

MECEを意識せよ！

　MECE(Mutually Exclusive and Collectively Exhaustive)という言葉をご存じでしょうか。ミーシー、あるいはミッシーと読んだりします。

　この言葉は、さまざまな企業の課題解決を生業とする戦略コンサルティング会社でよく使われている考え方の一つで、"ある全体について、それらを分解したときに、分解されたそれぞれの部分がお互いに重複することなく、かつ、それらの部分の集合が、全体を漏れなく埋めているさま"──要するに「モレがなく、ダブりもない状態」を表すものです。

　図表1でいえば、全体Xに対して、部分A、部分B、部分C、部分DはMECEである、ということができます。

【図表1】MECEの考え方

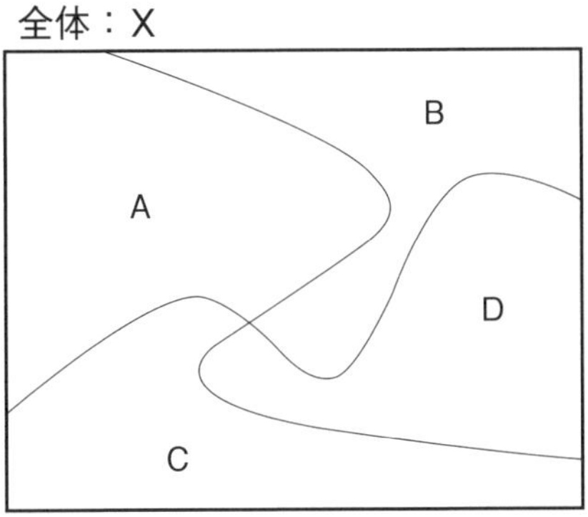

全体：X

（A、B、C、DがXを分割した図）

著者作成

では、例えば「施設に勤務する職員」を「男性職員」と「女性職員」に分解した場合、この分け方はMECEでしょうか。

施設に勤務する職員は（生物学上、世の中には男と女しかいないという前提に立てば）、必ず「男性職員」と「女性職員」のどちらかに該当しますし、いずれか一方に該当すればもう一方には該当しないことも明らかです。つまり、モレもダブリもないわけです。

【図表2】施設に勤務する職員の分解①

全体:「施設に勤務する職員」

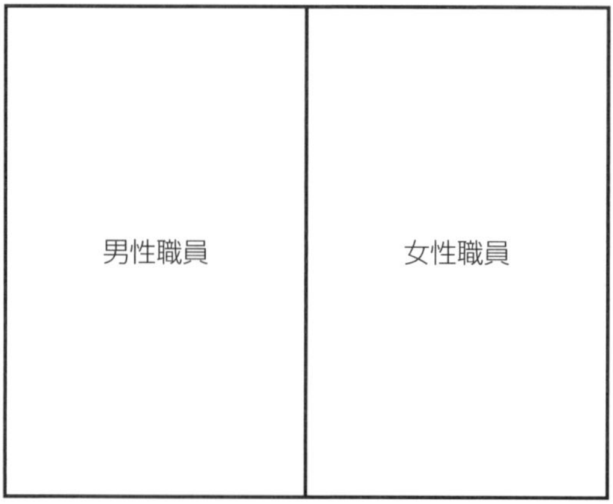

男性職員	女性職員

著者作成

次に、「事務職」「介護職」「看護職」「管理職」と分解した場合はどうでしょうか。

これは、職種という切り口で分けようとしているようですが、施設には栄養士や調理員などの「調理職」やOT（作業療法士）・PT（理学療法士）などの「リハビリ職」も在籍しているかもしれません。そういった意味では「モレ」が生じてしまっています。

また、事務長や介護主任はおそらく「管理職」に該当するのではないでしょうか。そうであれば、「管理職」という部分は、事務長や介護主任などを含む「事務職」や「介護職」、「看護職」という部分と重なり合っている、つまり「ダブ」っている可能性がありそうです。MECEではない、というわけです。

【図表3】施設に勤務する職員の分解②

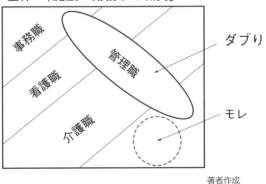

著者作成

では、このようにモレやダブリが生じてしまうとどのような問題が起きるのでしょうか。

一つはモレによる機会損失やリスク発生の可能性です。

このMECEの考え方はどんな事柄にも適用ができますが、例えば、先ほどの「施設に勤務する職員」の例を用いて、「施設に勤務する職員の就業環境を改善するために、経営者が業務の状況などに関して施設職員の意見を聞く場を設ける」という事例を考えてみましょう。

この場合、事務職員や看護職員、介護職員とグループ面談を行って、彼らの業務の状況や内容、業務上の悩みなどを聞いたのに、分解のモレによって、栄養士や調理員、OT・PTなどはそうした面談が行われなかったとしたらどうでしょう。彼らのモチベーションを考えるとこのモレはぞっとしますね。

もう一つは、ダブりによる混乱や非効率の発生です。

先ほどの分け方によると、事務長は、事務職グループとして面談を実施した後、再度、管理職グループとしても同じ面談を受けることになり、無駄が生じてしまいます。

確かに管理職として面談する場合にはその内容が若干異なるかもしれません。そうであるならば、管理職と非管理職という区分けをすべきなのかもしれません。またさらに、非管理職も勤続年数によって面談のグループを分ける必要があるのかもしれません（ベテランさんの前では新人さんは意見が言えないことも考えられますよね）。

これらを考えると、次のような分解が「施設に勤務する職員の就業環境を改善するために、経営者が業務の状況などに関して施設職員の意見を聞く場を設ける」という場合では有効な分解かも

しれません。

【図表4】施設に勤務する職員の分解③

全体：「施設に勤務する職員」

介護の管理職	看護の管理職	相談の管理職	調理の管理職	リハの管理職	事務の管理職	総務の管理職
介護のベテラン	看護のベテラン	相談のベテラン	調理のベテラン	リハのベテラン	事務のベテラン	総務のベテラン
介護の中堅	看護の中堅	相談の中堅	調理の中堅	リハの中堅	事務の中堅	総務の中堅
介護の新人	看護の新人	相談の新人	調理の新人	リハの新人	事務の新人	総務の新人

著者作成

　このように、分解はその内容によって切り方を変えることが重要であり、意味のある分解にしなければなりません。たとえMECEであったとしても今回の事例において「男性職員」と「女性職員」と分けたところでなんら意味をなさないことはおわかりでしょう。

　なお、分解には表などのマトリクス型や分解を段階的に行うロジックツリー型などの表し方があります。

【図表7】「稼働を上げる」の分解の手順①

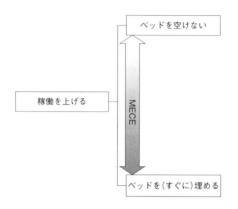

著者作成

　ベッドを空けない、つまりずっと埋め続けることで稼働は維持されます。そのためには、ベッドが空いてしまう要因を排除すればよいのです。そこで次に、「ベッドを空けない」という全体を部分に分解してみましょう。たとえその分解によって、非現実的な取り組みや業界としてそぐわない取り組みが出てきたとしても、一度すべてを挙げることで、モレやダブりをチェックできると同時に、思ってもいなかった取り組みや、新たなアイデアが生まれてくるかもしれません。

　「ベッドを空けない」ということは、利用者を「入院させない」か「退所させない」のいずれかです。

　同様に、「ベッドを（すぐに）埋める」ということは、「すぐに本人を戻す」か「すぐに他の利用者を受け入れる」かです。いずれもMECEですね。

【図表8】「稼働を上げる」の分解の手順②

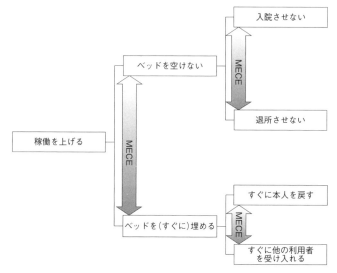

著者作成

　次に「入院させない」ということを分解すると、「誤嚥性肺炎で入院させない」、「風邪・ウイルスで入院させない」、「骨折・打撲で入院させない」などが挙がると思います。

　この段階になるとかなり具体的な取り組みになってくるのですが、一方でMECEにすることが難しくなってきます。すべてを挙げるとキリがなくなるので主要なもの、重要なものを挙げ、残りは「それ以外」としてしまうのも手です。

　今回であれば、やはり誤嚥性肺炎の発症やノロ・インフルエンザなどのウイルスの流行、また転倒や転落による骨折事故などは入院の主な原因として列挙すべきでしょう。

　一方で「退所させない」という取り組みもMECEを意識すれば

必然的に出てくる項目です。特養における退所は、そのほとんどが死亡退所だと思います。

しかし、ここも一度立ち止まってモレがないかを考えてみましょう。退所とは施設から出ていく行為すべてを指しているわけですので、別の施設に転居することや、自宅に帰ることも該当します。実際には、特養の待機者が多いなかで、他の施設へ転居することや、在宅復帰するということはまだまだまれな話かもしれませんが、一度すべての可能性を挙げてみることが重要なのです。

【図表9】「稼働を上げる」の分解の手順③

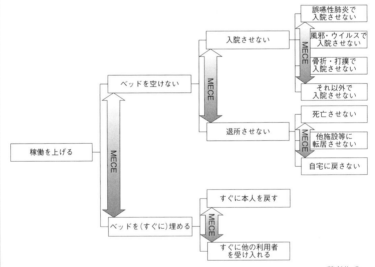

著者作成

次に、「すぐに本人を戻す」という取り組みは、一見するととんでもないことのように思えるかもしれません。つまり、外泊届を出してご家族のもとで過ごされている利用者を、稼働を高めるために施設に戻してくるということが想像されるからです。しか

し、これがすべてでしょうか。一般に、特養の稼働率低下の原因として協力医療機関などへの入院によって、長期間ベッドが空いてしまうことなどが問題になることがあります。つまり「すぐに本人を戻す」というなかには、入院した利用者が、適正な治療を受けて、適正な期間で施設に戻ってきてもらうことも含まれるわけです。

さらに、「すぐに他の利用者を受け入れる」ということを分解すると、利用者の退所によってベッドが空いてしまったのであれば、新たな入所希望者の受け入れ、利用者の入院などによって一時的にベッドが空いてしまったのであれば、空床利用による短期利用者の受け入れが挙げられます。

【図表10】「稼働を上げる」の分解の手順④

```
                                            ┌─ 誤嚥性肺炎で入院させない
                                            ├─ 風邪・ウイルスで入院させない
                        ┌─ 入院させない ─────┤
                        │                   ├─ 骨折・打撲で入院させない
          ┌─ ベッドを空けない ─┤             └─ それ以外で入院させない
          │             │
          │             │                  ┌─ 死亡させない
          │             └─ 退所させない ───┤─ 他施設等に転居させない
稼働を上げる ─┤                             └─ 自宅に戻さない
          │
          │                                 ┌─ 外泊してもすぐ戻す
          │             ┌─ すぐに本人を戻す ─┤
          │             │                   └─ 入院してもすぐ戻す
          └─ ベッドを(すぐに)埋める ─┤
                        │                   ┌─ すぐに長期入所を受け入れる
                        └─ すぐに他の利用者 ─┤
                           を受け入れる      └─ すぐに短期入所を受け入れる
```

著者作成

さて、こうして見てみると、「特養が保有するベッドの稼働率

を上げる方法」として挙げたこれらの項目については、ある大きな特徴が見えてきます。

「ベッドを空けない」という項目は、ベッドが空いてしまう状況を未然に防ぐことへの取り組みと言い換えることができます。

例えば、食事介助の方法を改善したり、利用者の嚥下機能の維持に取り組んだりすることで誤嚥性肺炎を予防し、「入院させない」ことに繋がりますし、利用者がこの施設での生活に大満足していれば、他施設への転居の可能性は低くなり、「退所させない」ことに繋がるかもしれません。

そういった意味では、これらの取り組みはすべて、「予防策を講じる」取り組みといえるかもしれません。

一方で、「ベッドを（すぐに）埋める」という項目は、ベッドが空いてしまった後に、いかに早くそのベッドを活用できるかの取り組みと言い換えることができます。

例えば、協力医療機関との密な連携や信頼関係の構築によって、利用者の早期退院が促されて、「すぐに本人を帰す」ことに繋がるかもしれませんし、施設相談員と外部ケアマネジャーとの日ごろの情報交換やベッドコントロールのためのマニュアルを整備することで、短期利用者のスムーズな受け入れが可能となり、「すぐに他の利用者を受け入れる」ことに繋がるかもしれません。

そういった意味では、これらの取り組みはすべて、「（内外含めた）オペレーションを改善する」取り組みといえるかもしれません。

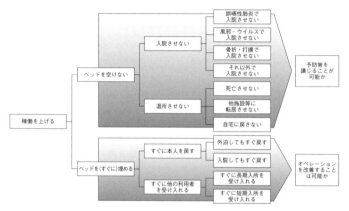

【図表11】見えてきた稼働向上の本質

著者作成

　なお、具体的に検討する際には、これらの項目について、実行可能性や実行による影響度を考慮して取り組みを選択することとなるでしょう。「自宅に戻さない」や「外泊してもすぐ戻す」といった"あるまじき"取り組みはここでふるい落とせばいいのであって、分解の段階ではすべてを挙げることを意識してみてください。

　いかがだったでしょうか。このMECEの考え方は、さまざまな場面で活きてくるはずです。
　この分解の思考はまさに「慣れ」です。何度も何度もトライし、"思考"錯誤することで身に付いていくものです。ぜひ、毎日の業務においても意識をして使ってみてください。

モデル事例

　この章では、第2章で紹介した経営計画・事業計画策定のステップに沿って、実際に経営計画・事業計画を立ててみましょう。

モデル事例①

1 特別養護老人ホームにおける経営計画・事業計画

　この章では、モデル事例を用いて経営計画・事業計画の策定方法を説明します。

　社会福祉法人さくら福祉会は、昭和55年に社会福祉法人の認可を受け、○県○市において長年、特別養護老人ホームを運営してきた法人です。

　これまでは、毎年、年度事業計画書と年度予算書の作成のみを行ってきましたが、近年、法人の財務状況が悪化してきたことをきっかけに、理事会及び法人事務局が中心となって、法人の中期ビジョンを設定し、ビジョン実現に向けた中期経営計画の策定に取り組むこととしました。

　さくら福祉会の法人概況及び法人の所在する市内の状況は**図表3-1-1**のとおりです。

【図表3-1-1】法人概況及び外部環境

――法人概況――

【法人名】：
社会福祉法人　さくら福祉会
【施設名】：
特別養護老人ホーム　はくちょうホーム
【サービス内容】：
入所80名全室多床室、短期入所（多床室及び従来型個室）10床、デイサービス20名、居宅介護支援事業
【実績】：
・特養稼働率94％、短期入所稼働率70％、デイ稼働率65％、入所者平均要介護度3.6
・人件費率66％、経費率29％、利益率2.0％

――外部環境――

【○○県○○市】：
・人口約8万5千人
・古くから米の栽培が盛んな地域であり、県内有数の穀倉地域。市街地以外は水田が多く広がっている
・高齢化率28％で全国平均よりも高齢化が進んでいる地域
・高齢化率は2025年には36％、うち75歳以上の割合が20％に達すると予測されている
・平成の大合併によって5つの市町村が合併。人口はすでに減少しており、2025年には6万9千人になる見込み
・世帯数27,000世帯、1世帯あたりの人員数は3.2人と全国平均2.6人よりも多い地域
・産業別の就業人口は、製造業7,000人、卸・小売業6,000人、農業5,000人、建設業4,000人、医療・福祉4,000人
・市内に病院は5、うち市立病院が2、診療所は50
・介護サービス受給者数は4,000人。うち、居宅サービス3,000人、施設サービス1,000人
・施設サービスのうち700人が介護老人福祉施設（特別養護老人ホーム）、300人が介護老人保健施設
・市内に特養は13施設。過去3年間で8件の新設があり、すべてユニット型での整備

（1）法人理念の再確認

　まず、理事及び法人事務局は理事会において、自法人の初代理事長が創業時に示した基本理念を読み返し、ビジョン設定のため、法人の普遍的なスタンスを確認し合うことで理念を改めて共有化しました（図表3-1-2）。

新たに就任した理事は、しっかりと法人基本理念に触れ、その内容を共有化したことで、法人への参画意識がさらに高まりました。

【図表3-1-2】法人基本理念

──法人基本理念──
「私たちは、福祉の担い手としての社会的役割を認識し、地域の多様なニーズに応えるべく、真の福祉人材を育成し、利用者が地域の中で安心とやすらぎのある人生をおくることができる社会の実現を目指します」

（2）「目指すべき姿（ビジョン）」の設定

そして、法人基本理念にもとづいて、3年後に実現していたい「地域での法人の位置付け」と、そのための4つの具体的な法人の姿を設定し、理事会の承認を得ました。この4つはそれぞれ「利用者」、「経営者」、「地域」、「職員」の視点を意識したものとしました（**図表3-1-3**）。

【図表3-1-3】法人経営ビジョン

──平成○年度～○年度　法人経営ビジョン──

≪当法人が目指すべき姿≫
あらゆるリソースを活用し、「当法人ならでは」の地域におけるオンリーワンを目指します

◆ 利用者目線を徹底し、質の高いサービスを追求しつづけ、利用者にとって安心とやすらぎを提供できる法人
◆ さまざまな福祉ニーズに対応できる柔軟性と機動力をもち、先進的な事業展開に向けてチャレンジし続ける法人
◆ 合理的で効率のよい経営を意識し、将来にわたって地域福祉に貢献し続けることができる体力をもつ法人
◆ 福祉のプロフェッショナルであるという自覚と責任と誇りをもって、学び続ける人財を育てることができる法人

(3) ステップ1：外部環境分析による事実の整理

　法人事務局は、これらのビジョン策定作業にあわせて、自法人を取り巻く外部環境について調査・分析を行いました(図表3-1-4)。

　その際にはできるだけ数値での調査・分析を意識し、それらをバックデータとしてまとめた後、議論がしやすいように定性的な言葉(増えている・減っている、多い・少ない)に置き換え、今後の経営戦略立案の活用資料として記載をしていきました。

　こうした作業の結果、今後も労働人口の減少や介護業界への新規参入業者数の増加といった大きな流れのなかで、当法人を取り巻く現状がますます厳しい状況になっていることを改めて実感することとなりました。

　とくに、これまで市内の別地域にて事業を運営してきた社会福祉法人Aの特別養護老人ホームが、自法人と同一地域への移転新築をしたことで、短期やデイを含む介護サービスにおいて地域内の競争が激化してきたことは、理事長を含め全役職員が実感していたことでした。

　一方で、介護度が高くなり、在宅での介護が難しくなった利用者の短期へのサービス希望が多いことがわかり、新たなサービス展開へのヒントも見えてきました。

【図表3-1-4】外部環境分析

カテゴリー	項目	調査・分析の視点
社会	政治	・今の政治・政府は介護事業者にとってどのような影響を与えているのか。今後はどのような方向に進んでいくのか。 ・介護事業者に影響を与える法律や通知の改正はあったのか。また今後の改正はどのような方向に進んでいくのか。 ・社会福祉事業への株式会社参入や外国人介護士など、現在どのような規制緩和や規制強化が進められているのか。今後はその流れはどのようになるのか。
	経済	・日本の景気は上向きか下向きか。今後はどのようになるのか。 ・企業の活動は活発なのかどうか。介護業界はどうなのか。 ・金利は上昇しているのか、下降しているのか。今後はどのようになるのか。 ・介護事業者による銀行借り入れはしやすいのか。今後はどのようになるのか。
	社会	・日本の人口構成はどのようになるのか。少子高齢化は今後どのように推移するのか。 ・高齢者やその家族の介護に対する価値観はどのように変化しているのか。 ・高齢者やその家族のライフスタイルはどのように変化しているのか。 ・現在、介護事業に対するどのような世論がおきているのか。それは今後どのように発展していくのか。
	技術	・特殊浴槽や新調理システムなど福祉関連機器の技術発展が介護現場にどのような影響をあたえるのか。 ・現在、広く導入されている設備や技術は今後どのようになるのか。差別化やサービス向上に貢献するのか。 ・介護ロボなどの業界構造を大きく変える可能性がある技術発展はどのような状況か。
市場	地域市場	・この地域の高齢者数は増えているのか。とくにどのエリアなのか。 ・この地域の高齢者は、同居、高齢者のみの世帯、独居のいずれが多いのか。それは今後どのように推移するのか。 ・この地域の利用者やその家族がサービスを選択・決定する際の判断ポイントはどのようなものか。 ・この地域の産業や住民のライフスタイルは高齢者のサービス利用にどのような影響を与えているのか。
	利用者	・利用を希望する高齢者の性別、年齢、家族構成、介護度、日常生活自立度、疾患はどのような状況か。現在サービスを利用している高齢者と利用を希望する高齢者に違いはあるのか。 ・それらの高齢者はどのような問題を抱えているのか。また、どのような要望をもっているのか。 ・それらの高齢者の家族はどのような問題を抱えているのか。また、どのような要望をもっているのか。
競合	同業者業界	・同一地域において、自法人と同じ介護サービスを提供する新たな競合他業者は増えているのか。今後はどのようになるのか。 ・現在同じ介護サービスを提供している競合他業者はより多くの利用者を獲得するためにどのような取り組みを行っているのか。サービスの質の向上やある分野に特化するなどのトレンドはあるのか。 ・他の種類の介護サービスや介護以外のサービスの台頭によって利用者が流れてはいないのか。今後その可能性はないのか。 ・サービスを受ける利用者やその家族、プランを作成する担当ケアマネジャーといった介護サービス利用の意思決定に関わる者は自法人を含む介護事業者に対してどのような考え方をもっているのか。力関係はどのようになっているのか。それらは変化しているのか。 ・介護事業者が介護サービスを提供するために必要な人材や物品などのリソース確保は、どのような状況なのか。今後はどのようになっていくのか。
	競合他業者	・スタッフ、ノウハウ、財務状況、展開意欲、シェア、サービス内容、企業風土、営業スタイル、組織構造など、同一地域における競合他業者はそれぞれどのような特徴をもっているのか。今後はどのような動きが予想されるのか。 ・彼らのもつ強みはどのようなものか。それは自法人にも当てはまるのか。 ・彼らの抱える弱みはどのようなものか。それは自法人にも当てはまるのか。
協力	協力者業界	・地域の協力・連携体制は充実しているのか、どのような協力・連携体制が強い（弱い）のか。今後はどのような動きが予想されるのか。 ・今後、協力・連携体制に参加（退場）する者は存在するのか。
	協力・連携者	・近隣の地域住民・ボランティアは、自法人にとって協力・連携者となり得るのか、どのような取り組みが考えられるのか。 ・近隣の病院や開業医は、自法人にとって協力・連携者となり得るのか、どのような取り組みが考えられるのか。 ・行政（市町村）や地域包括支援センター、社協は、自法人にとって協力・連携者となり得るのか、どのような取り組みが考えられるのか。 ・ケアマネジャーは、自法人にとって協力・連携者となり得るのか、どのような取り組みが考えられるのか。 ・訪問看護事業者や自法人以外の介護事業者は、自法人にとって協力・連携者となり得るのか、どのような取り組みが考えられるのか。 ・サービス付き高齢者向け住宅などの高齢者住宅運営事業者は、自法人にとって協力・連携者となり得るのか、どのような取り組みが考えられるのか。

内容
・介護に対する政策は国の最重要事項の一つ。 ・介護報酬の減額への流れが加速し、特に入所系の報酬増加は見込めない。 ・従来型特養の報酬は利用者の居住費も含め低い。 ・多職種や他事業所との連携に対する取り組みが評価される。 ・在宅への介護サービスのシフト。 ・さまざまな民間企業の介護サービスへの参入を国が後押し（補助金など）。 ・第一種社会福祉事業への民間企業の参入などイコールフッティングへの議論は今後も続く可能性。 ・介護業界を新たなマーケットと捉え、新規参入してくる大手企業が増加し続ける。 ・中小企業の財務状況が悪化し、銀行の融資先として成長性の高い介護事業者が注目されつつある。 ・倒産する零細介護事業者が増え、経営意識の高い事業者とそうでない事業者への格付けが二極化する。
・高齢化は進むが、地域によっては人口減少による高齢者数の減少が始まる。 ・労働人口が減るとともに、都市部へ若者が流れ続ける。 ・一昔前のように介護をお願いすることへの抵抗はなくなり、料金を払って受けるサービスという感覚が利用者家族に定着する。 ・利用者本人や家族からのサービスへの要望が高まり、介護事業者に対する利用者や家族の評価意識が強まる。 ・核家族化が進み、独居高齢者が増え続ける。 ・コンプライアンスやリスク管理に対する介護事業者の運営姿勢への国民の関心は高い。 ・法人内部留保問題や地域貢献などの議論を通して社会福祉法人への大きな転換が期待されている。 ・介護ロボ、昇降アシスト、特殊浴槽などの福祉機器が日々進化しており、利用者へのケアの向上・職員の負担軽減は進む。 ・人による介護は基本であり、福祉機器が進歩しても根幹は変わらない。
・地域の高齢者数は増え続ける。 ・昭和50年代に一斉整備された市営の大型団地の集中する〇地区は独居高齢者の数が急速に増えている。 ・農業に従事する家族が減り、家族の都心部への勤務で日中に一人となる世帯が多い。 ・所得層はあまり高くなく、介護サービスに対するニーズはあるが料金負担が原因でサービスを中止する世帯も存在する。
・介護度が高くなり、在宅での介護が難しくなった利用者の短期へのサービス希望が多い。 ・自立度が低くない利用者はなかなか頻繁なサービス利用にはつながらず、自宅に閉じこもりぎみとなっている。 ・独居高齢者は、食事もあまりしっかりとらずに栄養が足りていない方や入浴ができていない方も散見される。
・近年、同一地域に特別養護老人ホームが多く建設され、併設される短期入所やデイサービス数も急増した。 ・大手企業によるサービス付き高齢者向け住宅の建設が続いているが、入居率は低い。 ・小規模の単独型デイサービスも多く存在し、デイサービスの取り合いが激化している。 ・リハビリなどの機能回復に特化したデイサービスが増えている。 ・ユニット型の特養が増え、それらの新しい施設へ入所希望が流れている。 ・病院をもつ医療法人グループが訪問介護、訪問看護、在宅診療などの在宅サービスを展開しはじめた。 ・古くからある居宅介護支援事業所への新規介護事業者からの営業攻勢が活発。 ・介護人材の慢性的な不足のなか、人気のある施設に就職希望者が集中している。
古くから市内で事業運営をしている社会福祉法人Aが全室ユニットの施設を近隣に移転新築した。 これまで送迎担当地域が異なっていた社会福祉法人Aのデイサービスが同一地域となった。 社会福祉法人Aは経営担当理事を参画させ、内部に経営企画室を設置して営業部隊を配置、近隣の居宅介護支援事業所への営業を積極的に行い、当法人から一時的に利用者が流れた。 社会福祉法人Aは非常勤を多く雇い、人件費をおさえてサービスを行っているが、利用者や家族の評判はあまりよくない。 食事がおいしいと評判のデイサービスを経営する株式会社B（市内に7店舗展開）が、全面委託によるセントラルキッチンでの新調理システムを導入し全店舗での食事調理を廃止。 小規模多機能型居宅介護サービスと認知症対応型グループホームの合築施設を運営するNPO法人Cは地域ボランティアが立ち上げた法人であり、地域密着で柔軟なサービスとスタッフの対応の良さからケアマネや行政、地域住民から評判がよい。来年度から新たに単独型の短期入所事業所を新設する予定。
近隣には市営の病院1つと民間病院が2つあるが、お互いの連携は皆無。 市営の病院は数年後に市内のもう一つの市営病院との統合が決定しており、閉鎖後の病院建物は民間移譲（介護施設への転用）が検討されている。 現在行政が行っている地域包括支援センターを委託することが決定している。 医療法人Dの運営する老人保健施設は、利用者の在宅復帰先の確保に苦労しており、特養入所の空き状況について頻繁に問い合わせがある。 医療法人Eの運営する一般病床と療養型病床を有するケアミックス病院は、当法人の協力医療機関であるが、当施設から入院する利用者は入院期間が長く、退院予定等の利用者がいる。 ベッド19床を有する有床診療所を運営する医療法人Fの理事長は、当法人の立ち上げの際に支援をしてくれた地元の篤志家。救急の受け入れなど何かあったときに協力をお願いしている。 新たな居宅介護支援事業所が増えている一方で、以前からの居宅介護支援事業所も担当者が定年等で変わっている。

第3章 モデル事例

著者作成

（4）ステップ２：内部環境分析による事実の整理

　次に、法人事務局が、全役職員に対して、法人運営に関する意見収集を無記名アンケートにて実施し、主観的・個人的な意見や信憑性の低い意見などを排除しつつ、その取りまとめを行いました。

　その後、常務理事・事務局長・施設長以下、各部署の主任クラス以上を招集した会議（内部環境分析会議）を開催し、設定した7つの項目ごとに「ビジョンを実現したときにはこうなっているはずである」という「あるべき姿」を設定するとともに、取りまとめたアンケート意見をもとに集中的に議論を行って、自法人の現状を7つの項目に振り分けていきました。

　「あるべき姿」は、理事会においてビジョンの設定における議論を十分に重ねていたので、内部環境分析会議のメンバーが理事会議事録の内容を読み取ることで、比較的スムーズに設定していくことができました（図表3-1-5）。

　7つの項目に自法人の現状をまとめた結果、ベテラン職員が多く、地域との関わり合いも強いという特徴と、一方でそうした昔ながらの関係の維持だけにとどまり新たな取り組みには積極的でない役職員の姿も浮かび上がってきました。

　また、職員の教育や組織管理システム、サービスの質という面でまだまだ足りていないものが見えてきました。

第3章

モデル事例

【図表3-1-5】内部環境分析

項目	内容
理念	私たちは、福祉の担い手としての社会的役割を認識し、地域の多様なニーズに応えるべく、真の福祉人材を育成し、利用者が地域の中で安心とやすらぎのある人生をおくることができる社会の実現を目指します
ビジョン	≪当法人が目指すべき姿≫ あらゆるリソースを活用し、「当法人ならでは」の地域におけるオンリーワンを目指します ◆利用者目線を徹底し、質の高いサービスを追求しつづけ、利用者にとって安心とやすらぎを提供できる法人 ◆さまざまな福祉ニーズに対応できる柔軟性と機動力を持ち、先進的な事業展開に向けてチャレンジしつづける法人 ◆合理的で効率の良い経営を意識し、将来にわたって地域福祉に貢献し続けることができる体力をもつ法人 ◆福祉のプロフェッショナルであるという自覚と責任と誇りをもって、学び続ける人財を育てることができる法人

自法人

項目	あるべき姿	調査・分析の視点
理念・風土	・全役職員が法人理念を理解・共感し、理念に基づいて、一丸となっている。 ・積極的な発言やアクションが歓迎される組織風土。	・法人の理念にもとづいた運営がされているのか。 ・法人の理念は今の法人の使命に適合しているのか。 ・法人の理念を全職員が理解し、行動につなげているのか。 ・法人の風土・雰囲気はどのようなものか。それはいつからなのか。
マネジメント	・現状の正確な分析と課題の設定をもとに、迅速な経営判断を行うことができる意思決定機関。 ・組織内外への積極的な情報開示による透明性の高い運営。	・経営者のリーダーシップや経営管理能力はどのようなものか。 ・経営者の役割と責任は役職員に伝わっているのか。 ・明確な経営の方向性は役職員に伝わっているのか。 ・タテ・ヨコの情報共有が図られているのか。コミュニケーションはとれているのか。
人材・教育	・成長意欲のある人材が集まる組織。 ・成長させる教育の仕組みがあり、技術や知識だけでなく、責任感などの意識の向上も含めた福祉のプロフェッショナルが養成できる。 ・前例や業界慣習にとらわれず、柔軟性のある職員と、それを受け止め、活かすことができる幹部・管理職。	・人材の採用、教育の仕組みはどのようなものか。 ・どのような人材が集まっているのか。 ・年齢構成・職種別人員構成にどのような特徴があるのか。 ・雇用形態や労働条件に特徴があるのか。 ・幹部・管理職職員は成長しているのか。教育は十分か。何が必要なのか。 ・現場職員は成長しているのか。教育は十分なのか。何が必要なのか。
組織管理・システム	・全職員の行動が、明確な役割と責任に基づくものとなっている。 ・標準化が適する業務のマニュアル化によって、高い業務効率と振り返りの仕組み（PDCAサイクル）が構築されている。 ・会議体や委員会が機能しており、各部署が有機的に結合しているフラットな組織。	・業務はスムーズに流れているのか。 ・業務は属人的になっていないのか。 ・マニュアル整備などの仕組み化はどのような状況なのか。 ・会議体の運営はどのような状況なのか。 ・職位、職責、部署による業務分掌・決裁権限などの組織体制はどのような状況なのか。 ・組織（組織図）の形はどのようなものか。
広報・営業	・法人の名前やその活動が地域に知れ渡っており、地域における中心的な存在。 ・職員が地域の行事にすすんで参加しており、スタッフの評判もよく、学生の就職先として上位にあがる。 ・ケアマネや医療機関との密な連携によって、協力・連携者からの信頼が厚い法人。	・利用者確保のための営業活動に対する職員の意識はどのようなものか。 ・取り組みによる効果は出ているのか。 ・地域に対する広報活動への職員の意識はどのようなものか。 ・取り組みによる効果は出ているのか。
サービス提供	・介護・看護・リハ・栄養・相談の連携が強く、利用者にシームレスな介護を提供できる。 ・さまざまな先駆的介護技術や機器を導入し、質の高さを担保している。 ・そのうえで、技術だけの介護ではなく、心に寄り添う介護の実践によって利用者と利用者家族の満足度が高い法人。	・介護サービスの質はどのようなものか。 ・職員の介護技術はどのようなものか。 ・利用者満足度はどのような状況なのか。その要因はなにか。
財務	・高い稼働率によって法人のベッドではなく地域のベッドの最大活用を行っている。 ・利益をしっかりと出し、職員の処遇向上と、新たな福祉ニーズに応えるための事業展開の積立を計画的に実施。 ・日々の経営指標の管理によって、予兆をいち早く検出し、改善のアクションを行うことで経営状況を安定化。	・損益（収支）はどのような状況なのか。どのように推移してきたのか。 ・財産はどのような状況なのか。どのように推移してきたのか。 ・今後の財務状況はどのようになりそうなのか。 ・稼働率や利用者単価、経費率などの経営指標はどのような状況なのか。 ・大きな設備投資などの予定はあるのか。

第3章 モデル事例

現状
法人理念を役職員が理解しておらず、行動につながっていない。 旧態依然とした雰囲気があり、変化を好まない。 これまでの長い歴史の中で法人独自の風土が形成され、新たな職員もその風土に染まる。
経営者不在で意思決定ができない。 物事の決断が遅くアクションにつながらない。 民主的合議による決定を重んじる。 経営層と現場の距離間が近い。 リーダーシップを発揮できる経営層がいない。 縦割り組織でヨコの連携はない。
採用は募集をかけてもなかなか集まらず慢性的な人手不足。 個々の職員が研修等にいく時間がとれず、ほぼOJT。 職員自身も積極的に知識等を吸収しようという意欲が少ない。 意識の高い職員は転職してしまう。 給与に対する不満が出ている。 管理職には現場のリーダーが昇格する人事が古くから慣習となっている。 管理職の介護の知識や現場感は高い。
業務のやり方は口伝で先輩から後輩に受け継がれ、文章等で明記されたものは少ない。 現場は介護の仕方をOJTによって伝えるため、教わる相手や、その時々の状況によって異なることや、伝えるなかで変化していくことがある。 管理・事務は様式や作業手順などが統一されていないためモレ・ムラが生じるがその検証もできていない。 会議が合議を重んじるため長く、決定までに時間がかかる。
歴史のある法人であり地域住民は法人名を認識している。 地域との交流は古くから行っており、町内会の行事参加など地域に根ざした運営がされている。 ベテラン職員も多く、職員の顔や名前をよく知る地域住民も多い。 法人の行っている事業についてはあまりアピールを行っていない。 なじみのケアマネ事業所との付き合いはあるが、新しいケアマネ事業所などとはまだ接点が少ない。 措置制度の意識を引きずっており、職員に営業という意識は低い。
昔ながらの介護を踏襲。スライディングボードの導入やユニット的ケア、看取り、ユマニチュードなどあらたな取り組みは行っていない。 設備投資に回せる予算がなく古い機械を使い続けている。 ベテラン職員の昔ながらの介護技術の口伝でのトレーニング止まりで職員のスキルは高くない。 画一的なサービスにとどまり利用者や家族の満足は必ずしも高くない。 サービスを受けていた利用者が他の介護事業者へ多く移っていった。
稼働率は毎年低下しており、特に短期入所やデイの稼働低下が顕著。 収入が下がる一方で、勤続年数の長い職員の割合が高く人件費が増加。 給与の減額など、給与改善がなかなか図られない。 介護報酬の加算が取れず利用者単価も高くない。 取引業者が固定的であり、見直しがされないため業務委託費などの経費率は高い。 収支はわずかなプラスにとどまっており、大きな支出が発生するとマイナスになる。 建物が老朽化しており、給排水設備や空調設備など大規模な改修工事が必要な状況。

著者作成

177

(5) ステップ3：ビジョン実現に向けた経営戦略の立案

　次に、列挙されたさまざまな法人の現状から、法人が抱える本質的な課題をあぶり出していくために、課長などの管理者クラス以上を招集した会議(戦略立案会議)を開催し、事務局長のファシリテーションのもと、検討を重ねていきました。結果、16個の本質的課題が設定されました(図表3-1-6)。

【図表3-1-6】課題の抽出

自法人カテゴリーの項目	現状	現状を引き起こしている本質的課題
理念・風土	・法人理念を役職員が理解しておらず、行動につながっていない。 ・旧態依然とした雰囲気があり、変化を好まない。 ・これまでの長い歴史の中で法人独自の風土が形成され、新たな職員もその風土に染まる。	・法人の理念や方向性が役職員に周知・理解されていない ・組織は日々改善していく必要があるということに対する役職員の意識改革ができていない
マネジメント	・経営者不在で意思決定ができない。 ・物事の決定が遅くアクションにつながらない。 ・民主的合議による決定を重んじる。 ・経営層と現場の距離間が近い。 ・リーダーシップを発揮できる経営層がいない。 ・縦割り組織でヨコの連携はない。	・経営層の経営意識・責任感が希薄 ・経営管理ができていない
人材・教育	・採用は募集をかけてもなかなか集まらず慢性的な人手不足。 ・個々の職員が研修等にいく時間がとれず、ほぼOJT。 ・職員自身も積極的に知識等を吸収しようという意欲が少ない。 ・意識の高い職員は転職してしまう。 ・給与に対する不満が出ている。 ・管理職には現場のリーダーが昇格する人事が古くから慣習となっている。 ・管理職の介護の知識や現場感は高い。	・スキルや意識向上など役職員への教育への投資が不十分 ・職員にとって魅力のない環境
組織管理・システム	・業務のやり方は口伝で先輩から後輩に受け継がれ、文章等で明記されたものは少ない。 ・現場は介護の仕方をOJTによって伝えるため、教わる相手や、その時々の状況によって異なることや、伝えるなかで変化していくことがある。 ・管理・事務は様式や作業手順などが統一されていないためモレ・ムラが生じるがその検証もできていない。 ・会議が合議を重んじるため長く、決定までに時間がかかる。	・業務手順がルール化・標準化されず、質の担保、効率化が図られない ・組織管理体制が未成熟
広報・営業	・歴史のある法人であり地域住民は法人名を認識している。 ・地域との交流は古くから行っており、町内会の行事参加など地域に根ざした運営がされている。 ・ベテラン職員も多く、職員の顔や名前をよく知る地域住民も多い。 ・法人の行っている事業についてはあまりアピールを行っていない。 ・なじみのケアマネ事業所との付き合いはあるが、新しいケアマネ事業所などとはまだ接点が少ない。 ・措置制度の意識を引きずっており、職員に営業という意識は低い。	・地域活動の目的や成果を意識しておらず慣習的に営業を行っている
サービス提供	・昔ながらの介護を踏襲。スライディングボードの導入やユニット的ケア、看取り、ユマニチュードなどあらたな取り組みは行っていない。 ・設備投資に回せる予算がなく古い機械を使い続けている。 ・ベテラン職員の昔ながらの介護技術の口伝でのトレーニング止まりで職員のスキルは高くない。 ・画一的なサービスにとどまり利用者や家族の満足は必ずしも高くない。 ・サービスを受けていた利用者が他の介護事業者へ多く移っていった。	・介護技術が低い ・サービスを提供しているという意識が低い ・設備投資が間に合っていない ・利用者に選ばれていない
財務	・稼働率は毎年低下しており、特に短期入所やデイの稼働低下が顕著。 ・収入が下がる一方で、勤続年数の長い職員の割合が高く人件費が増加。 ・賞与の減額など、給与改善がなかなか図られない。 ・介護報酬の加算が取れず利用者単価も高くない。 ・取引業者が固定的であり、見直しがされないため業務委託費などの経費率は高い。 ・収支はわずかなプラスにとどまっており、大きな支出が発生するとマイナスになる。 ・建物が老朽化しており、給排水設備や空調設備など大規模な改修工事が必要な状況。	・収入の減少 ・費用の増加 ・確保されるべき利益が圧迫

著者作成

そして、「本質的課題」をそれぞれの課題の因果関係を意識して「重点目標」に置き換える作業を行うため、まずは本質的課題をもとに法人の現状を把握するための因果関係図の作成を行いました（図表3-1-7）。

　その結果、「昇給や昇格などのキャリアが見えない」、「利用者に十分なサービスを提供できていない」の2つの本質的課題の仮説が新たに浮かび上がり、協議の結果、これらも本質的課題として設定することとしました。

【図表3-1-7】現状把握の因果関係図

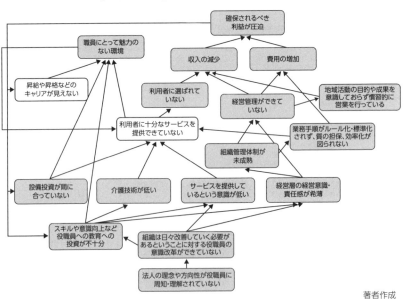

著者作成

　次にどのようにすればその本質的課題の解決が次の本質的課題に対して良い影響を与えられるのかを意識して、負の因果関係図と正の因果関係図の対比表にまとめ（図表3-1-8）、その課題が解決され

[図表3-1-8] 本質的課題と重点目標の対比

自法人カテゴリーの項目		現状を引き起こしている本質的課題		重点目標
理念・風土		法人の理念や方向性が役職員に周知・理解されていない	⇔	法人の理念や方向性が役職員に周知・理解されている
		組織は日々改善していく必要があるということに対する役員の意識改革ができていない	⇔	組織は日々改善していく必要があるという意識を全役職員が持ち、積極的な改善活動を行っている
マネジメント		経営層の経営意識・責任感が希薄	⇔	経営層の意識が高く、経営に対する責任感を強くもっている
		経営管理ができていない	⇔	日々の執行状況などの経営管理がしっかりと行われている
人材・教育		スキルや意識の向上など役職員への教育の投資が不十分	⇔	スキルや意識向上などの役職員への教育に力を入れ、投資をしている
		職員にとって魅力のない環境	⇔	働きがいのある職場であり、職員のモチベーションが高い
		昇給や昇格などのキャリアが見えない	⇔	昇給や昇格などのキャリアアップの機会が設けられている
組織管理・システム		業務手順がルール化・標準化されず、質の担保、効率化が図られない	⇔	業務手順が明確に定められ、質の担保、効率化が徹底されている
		組織管理体制が未成熟	⇔	役割と責任が明確化され、ガバナンスの効いた組織管理体制を構築している
広報・営業		地域活動の目的や成果を意識しておらず慣習的に営業を行っている	⇔	目的や成果を意識した渉外活動が実施されている
サービス提供		介護技術が低い	⇔	現場職員の介護技術を身につけている
		サービスを提供しているという意識が低い	⇔	現場職員が接遇を身につけ、サービスを提供しているという意識が高い
		設備投資が質に合っていない	⇔	ケアの質を高め、同時に職員の業務負荷を軽減させるなどの設備投資に計画的に資金を回している
		利用者に選ばれていない	⇔	利用者に選ばれる事業所となる
		利用者に十分なサービスを提供できていない	⇔	利用者満足につながる質の高いサービスが提供されている
財務		収入の減少	⇔	収入の増加に努め、成果が出ている
		費用の増加	⇔	費用の適正化に努め、成果が出ている
		確保されるべき利益が圧迫	⇔	適正な利益を確保できている

著者作成

た場合の良い影響の関係図を作成しました(図表3-1-9)。

【図表3-1-9】ビジョン達成に向けた因果関係図

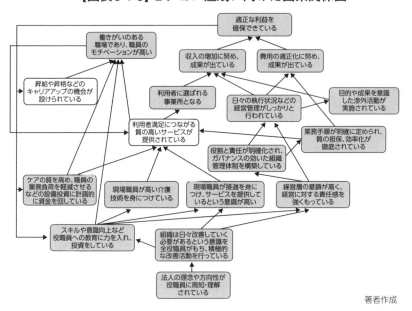

著者作成

　この正の因果関係図をもとに、以下の基本戦略を示すこととしました。

・法人の理念や方向性が役職員に周知・理解されることで、組織は日々改善していく必要があるという意識を全役職員がもち、積極的な改善活動を行うようになる。
・そして、役職員の教育への積極投資によって、モチベーションの向上、高い介護技術の習得、職員の接遇意識の高まり、経営層の責任感向上といった効果が得られる。

・職員の介護技術力、接遇意識、そして介護業務にかかる設備投資は、利用者満足に繋がる質の高いサービスを生み出すものであり、その結果、選ばれる事業所として収入増加に貢献することとなる。
・また、経営層の経営意識の高まりは、ガバナンスの効いた組織管理体制の構築を促し、業務手順の明確化や日々の執行管理体制の向上、目的ある渉外活動などに繋がり、収入の増加及び費用の適正化の両方の成果をもたらすこととなる。
・結果、適正な利益が確保され、それらがまた、昇給や昇格などのキャリアアップに対する投資、ケアの質を高め職員の業務負担を軽減させる設備への投資、スキルや意識向上などの役職員教育への投資に繋がっていく。

因果関係図をあらためて俯瞰してみると、やはり教育への投資が大事であるということ、そして何より、役職員の法人理念やビジョンの共有化と前向きな姿勢がすべての根底にあるということが再認識されました。

(6) ステップ4：具体的な取組項目の選択

基本戦略が固まったところで、策定に携わった各部署の課長が課内会議を開催してこれまでの議論と成果物を職員に説明を行ったうえで、それぞれの重点目標に対してどのような貢献が可能なのかを議論しました。

その結果、それぞれの課内で具体的な取り組みが挙げられ、各課長はそれらの取りまとめを行って再度集まり、戦略立案会議での議論・承認を経て、取組項目を確定しました(図表3-1-10)。

各部署では、実際の業務の視点から具体的な取組項目案がいくつ

【図表3-1-10】外部環境を加味した取組項目の選択

<table>
<tr><th rowspan="2">項目</th><th rowspan="2">重点目標</th><th colspan="2">外部環境要因の影響</th></tr>
<tr><th>社会</th><th>市場</th></tr>
<tr><td colspan="2"></td><td>
【政治】
・介護に対する政策は国の最重要事項の一つ。
・介護報酬の減額への流れが加速し、特に医療系の報酬増加は見込めない。
・従来型特養の報酬は利用者の居住費も含め低い。
・多職種や他業界との連携に対する取り組みが評価される。
・在宅への介護サービスのシフト。
・さまざまな民間企業の介護サービスへの参入を国が後押し(補助金など)。
・第一種社会福祉事業への民間企業の参入によるイコールフッティングへの議論は今後も続く可能性。

【経済】
・介護業界を新たなマーケットと捉え、新規参入してくる大手企業が増加し続ける。
・中小企業の財務状況が悪化し、銀行の融資先として成長性の高い介護事業が注目されつつある。
・倒産する零細介護事業者が増え、経営意識の高い事業者とそうでない事業者への格付けが二極化する。

【社会】
・高齢化は進むが、地域によっては人口減少による高齢者数の減少が始まる。
・労働人口が減るとともに、都市部の若い人材が流れ続ける。
・一昔前の介護をお願いすることへの抵抗はなくなり、料金を払って受けるサービスという感覚が利用者家族に定着する。
・利用者本人や家族からのサービスへの要望が高まり、介護事業者に対する利用者や家族の評価意識が強まる。
・核家族化が進み、独居高齢者が増え続ける。
・コンプライアンスやリスク管理に対する介護事業者の運営姿勢への国民の関心は高い。
・法人内部留保問題や地域貢献などの議論を通して社会福祉法人への大きな転換が期待されている。

【技術】
・介護ロボット、昇降アシスト、特殊浴槽などの福祉機器が日々進化しており、利用者へのケアの向上・職員の負担減は進む。
・人による介護は基本であり、福祉機器が進歩しても根幹は変わらない。
</td><td>
【地域市場】
・地域の高齢者数は増え続ける。
・昭和50年代に一斉整備された市営の大型団地の集中する○地区は独居高齢者の数が急速に増えている。
・農業に従事する家族が減り、家族の都心部への勤務で日中に一人となる世帯が多い。
・所得層はあまり高くなく、介護サービスに対するニーズはあるが料金負担が原因でサービスを中止する世帯も存在。

【利用者】
・介護度が高くなり、在宅での介護が難しくなった利用者の短期へのサービス希望が多い。
・自立度が低くない利用者はなかなか頻繁なサービス利用にはつながらず、自宅に閉じこもりぎみとなっている。
・独居高齢者は、食事もあまりしっかりとはとらずに栄養が足りていない方や入浴ができていない方も散見される。
</td></tr>
<tr><td rowspan="2">理念・風土</td><td>法人の理念や方向性が役職員に周知・理解されている</td><td>社会福祉法人のガバナンスに対する行政の姿勢も強化されている一方で、近隣事業者との競争が激化し、利用者</td><td></td></tr>
<tr><td>組織が日々改善していく必要があるという意識を全役職員がもち、積極的な改善活動を行っている</td><td>現状を打破し、他の事業者との競争優位性を高めなければ利用者や地域の協力機関に選ばれなくなる</td><td></td></tr>
<tr><td rowspan="2">マネジメント</td><td>経営職員の意識が高く、経営に対する責任感を強くもっている</td><td rowspan="2">介護報酬の減額や民間参入の流れの中で、大手事業者に劣らない高い経営感覚を身に付け、経営管理の仕組みを</td><td></td></tr>
<tr><td>日々の執行状況などの経営管理がしっかりと行われている</td><td></td></tr>
<tr><td rowspan="3">人材・教育</td><td>スキルや意識向上など役職員への教育に力を入れ、投資をしている</td><td>事業者の提供するサービスに対する利用者や家族の評価意識が高まっており、一方で、事故等による法人の事業
医療度の高い利用者やBPSDの強い利用者の地域からの受け入れニーズが強いなかで、対応できている事業者は
職員の対応の悪さはすぐに地域に広まり、利用者離れにつながる恐れがあるだけでなく、スタッフ確保や連携先と</td><td></td></tr>
<tr><td>働きがいのある職場であり、職員のモチベーションが高い</td><td>都市部への人材流出、介護事業者の増加などによって介護人材の確保がさらに困難になっていくなかで、働きが</td><td></td></tr>
<tr><td>昇給や昇格などのキャリアアップの機会が設けられている</td><td>他の事業者からの引き抜きも含め、意識の高い人材が流出してしまうことで、組織の改善・改革のスピードが弱まる</td><td></td></tr>
<tr><td rowspan="2">組織管理・システム</td><td>業務手順が明確に定められ、質の担保、効率化が徹底されている</td><td rowspan="2">社会福祉法人の運営管理に対する世論や行政の姿勢が強まっており、説明責任を遂行することが必要</td><td></td></tr>
<tr><td>役割と責任が明確化され、ガバナンスの効いた組織管理体制を構築している</td><td></td></tr>
<tr><td>広報・営業</td><td>目的や成果を意識した渉外活動が実施されている</td><td>地域での競争が激化するなかで、地域や行政、居宅介護支援事業所などさまざまな外部関係者とのつながりが</td><td></td></tr>
<tr><td rowspan="6">サービス提供</td><td>現場職員が高い介護技術を身につけている</td><td>事業者の提供するサービスに対する利用者や家族の評価意識が高まっており、一方で、事故等による法人の事業
医療度の高い利用者やBPSDの強い利用者の地域からの受け入れニーズが強いなかで、対応できている事業者は</td><td></td></tr>
<tr><td>現場職員が接遇を身につけ、サービスを提供しているという意識が高い</td><td>職員の対応の悪さはすぐに地域に広まり、利用者離れにつながる恐れがあるだけでなく、スタッフ確保や連携先</td><td></td></tr>
<tr><td rowspan="2">利用者満足につながる質の高いサービスが提供されている</td><td>利用者のサービスに対する選別眼が高まり、他事業所への評判もシビアになっているなかで、当法人が利用者満</td><td></td></tr>
<tr><td>利用者のサービスに対する選別眼が高まり、利用者満足度が事業所選択の最大のポイントの一つ</td><td></td></tr>
<tr><td>ケアの質を高め、同時に職員の業務負荷を軽減させるなどの設備投資に計画的に資金を回している</td><td>ユニット型施設や株式会社のデザイン性の高い施設などが増えるなかで、設備面の強化も必要
さまざまな介護技術や福祉用具が開発されている</td><td></td></tr>
<tr><td>利用者に選ばれる事業所となる</td><td>利用者のサービスに対する選別眼が高まり、利用者満足度が事業所選択の最大のポイントの一つ</td><td></td></tr>
<tr><td rowspan="8">財務</td><td rowspan="5">収入の増加に努め、成果が出ている</td><td>医療度の高い利用者のニーズが高いこと、協力医療機関との連携があまりよくないことから、入院が発生する可</td><td></td></tr>
<tr><td>今後も介護報酬の改定においては取り組みへの評価加算の強化が見込まれる</td><td></td></tr>
<tr><td>自宅に閉じこもっている独居及び日中独居利用者の潜在的市場は大きい</td><td></td></tr>
<tr><td>田植えや刈入れ期などこれまでのシーズン利用が減少する一方、医療度の高い利用者やBPSDの強い利用者の
地域での競争が激化するなかで、地域や行政、居宅介護支援事業所などさまざまな外部関係者とのつながりが</td><td></td></tr>
<tr><td>機能別設定のデイサービスの増加や他法人のデイサービスの同一地域への移転などによって競争が激化する事業所(の担当者)の減少が進んでいることから事業所の良さを改めて伝える必要がある</td><td></td></tr>
<tr><td>費用の適正化に努め、成果が出ている</td><td>利用者のサービスに対する選別眼が高まるなかで、食事などの利用者サービスに関わる費用は質を担保しつつ、</td><td></td></tr>
<tr><td rowspan="2">適正な利益を確保できている</td><td>特養、短期、デイなどのサービスごとの介護報酬の動向に応じて自組織のサービスのポートフォリオを組み立てる必要が
利益を次の投資に回すことで他事業者よりも優位性を保つ</td><td></td></tr>
<tr><td>社会福祉法人の地域貢献への姿勢が評価されている</td><td></td></tr>
</table>

競合	協力	
【同業者業界】 ・近年、同一地域に特別養護老人ホームが多く建設され、併設される短期入所やデイサービス数も急増した。 ・大手企業によるサービス付き高齢者向け住宅の建設が続いているが、入居率は低い。 ・小規模の単独型デイサービスも多く存在し、利用者の取り合いが激化している。 ・リハビリなどの機能回復に特化したデイサービスが増えている。 ・ユニット型の特養が増え、それらの新しい施設へ入居希望者が流れている。 ・病院をもつ医療法人グループが訪問介護、訪問看護、在宅診療などの在宅サービスを展開しはじめた。 ・古くからある居宅介護支援事業所への新規介護事業者からの営業攻勢が活発。 ・介護人材の慢性的な不足のなか、人気のある施設に就職希望者が集中している。	【協力者業界】 ・近隣には市営の病院1つと民間病院が2つあるが、お互いの連携は皆無。 ・市営の病院は数年後に市内のもう一つの市営病院との統合が決定しており、閉鎖後の病院建物は民間移譲(介護施設への転用)が検討されている。 ・現在行政が行っている地域包括支援センターを委託することが決定している。	取組項目
【競合他業者】 ・古くから市内で事業運営をしている社会福祉法人Aが全室ユニットの施設を近隣に移転新築した。 ・これまで送迎地域が異なっていた社会福祉法人Aのデイサービスが同一地域となった。 ・社会福祉法人Aは経営担当理事を参画させ、内部に経営企画室を設置して営業部隊を配置、近隣の居宅介護支援事業所への営業を積極的に行い、当法人から一時的に利用者が流れた。 ・社会福祉法人Aは非常勤を多く雇い、人件費をおさえてサービスを行っているが、利用者や家族の評判はあまりよくない。 ・食事がおいしいと評判のデイサービスを経営する株式会社B(市内7店舗展開)が、全店委託によるセントラルキッチンでの新調理システムを導入し全店舗で食事調理を廃止。 ・小規模多機能型居宅介護サービスと認知症対応型グループホームの合築施設を運営するNPO法人Cは地域ボランティアが立ち上げた法人であり、地域密着で柔軟なサービスとスタッフの対応の良さがケアマネや行政、地域住民から評判がよい。来年度から新たに単独型の短期入所事業所を新設する予定。	【協力・連携者】 ・医療法人Dの運営する老人保健施設は、利用者の在宅復帰先の確保に苦労しており、特養入所の空き状況について頻繁に問い合わせがある。 ・医療法人Eの運営する一般病床と療養型病床を有するケアミックス病院と、当法人の医療法人Eの医療機関では、当施設から入院する利用者は入院期間が長く、退院後の病院との連携も悪い。 ・ベッド19床を有する有床診療所を運営する医療法人Fの理事長は、当法人の立ち上げの際に支援してくれた地元の篤志家。救急の受入など何かあったときに協力をお願いしている。 ・新たな居宅介護支援事業所が増えている一方で、以前からの居宅介護支援事業所も担当者が定年等で変わっている。	

	取組項目
や介護人材から選ばれる事業所とそうでない事業所の差が顕著化することが想定される	法人内研修による全職員の意識統一
	改善支援委員会の立ち上げによる継続的改善のサポート
	講習参加による経営層及び幹部候補のマネジメント能力の向上
構築していく必要がある	経営会議で経営指標と改善活動の実施状況のモニタリングの仕組み構築による管理体制の強化
	経営指標と改善活動の実施状況の公表による職員への周知徹底
存続リスクも大きくなっている	外部研修による介護技術の向上(職員)
少ない	内部研修による介護技術の向上(職員)
の協力関係にも影響を及ぼす	外部研修による接遇力・モラル・学習意欲の向上(役職員)
	職員意識アンケート実施による現状把握
ある職場づくりは他の事業所との差別化につながる	部署間職員交流によるコミュニケーション向上
	「サンキュー」カード活用による業務モチベーション向上
	業績連動型賞与導入に向けた適正な人事考課制度の構築による公平性向上
	新規事業所の展開による管理者ポストの増大
	部署別業務手順書(マニュアル)の作成による業務標準化
	内部監査の導入によるルールの徹底
	組織体制の見直しによる重複部署の削減
	ISO9001の取得による継続的改善にむけた組織体制強化
	渉外・広報活動支援チームの発足による計画的営業の実施
	広報誌のリニューアルによる法人イメージの向上
	ボランティア活動への費用支援制度の創設による地域活動の促進
	キャリアラダー制度の導入による技術力の見える化
存続リスクも大きくなっている	(外部研修による介護技術の向上(職員))※前掲
少ない	(内部研修による研修技術の向上(職員))※前掲
協力関係にも影響を及ぼす	(外部研修による接遇力・モラル・学習意欲の向上(役職員))※前掲
の高いサービスが行われているかどうかのフィードバックが必要	利用者アンケートの実施によるサービス評価の実施
	第三者評価の実施によるサービス評価の実施
	「利用者満足度アップなんでも資金」予算の確保によるサービス提供の柔軟性向上
	浴室改修工事による居住環境の向上
	送迎車両の購入による送迎ルートの効率化と時間短縮
	スライディングボードの全面実施による業務負荷の軽減
	(「利用者満足度アップなんでも資金」予算の確保によるサービス提供の柔軟性向上)※前掲
生も高まるが、発生した場合の影響も大きい	誤嚥性肺炎・骨折等での入院予防の取り組みによる入所稼働率の向上
	入退院のオペレーション見直しによる入所稼働率の向上
	個別機能訓練加算取得による入所単価の向上
	利用者満足度の高い食事・入浴・レクの実施によるデイ稼働率の向上
	デイサービスのキャンセル率抑制によるデイ稼働率の向上
からの受け入れニーズが強まっているが、対応できている事業者は少ない	短期入所の受け入れ可能利用者拡大の検討による短期稼働率の向上
求められる	(渉外・広報活動支援チームの発足による計画的営業の実施)※前掲
一方で、当法人を知らない新たな居宅介護支援事業所の開設や、これまで連携の強かった居宅介護支援事業	新規・既存の居宅介護支援事業所への営業強化による新規利用者獲得
報酬の減額による影響を吸収するための管理部門の見直しを行う必要がある	清掃・給食委託契約見直し検討による業務委託費の適正化
	職員の配置見直しによる人件費の適正化
	サービス区分別原価計算の根拠見直しによる適正利益の分析
	職員福利厚生・設備投資への利益還元計画の策定による目標の明確化
	地域貢献事業予算への利益還元計画の策定による目標の明確化

著者作成

も出され、そのうち、外部環境の影響も踏まえて39項目が列挙されました。

この中には、地域内の競争が激化していることや、これまで一定のニーズが期待できていた田植えや刈入れ期などのシーズン利用者の減少を見据えて、医療度の高い利用者の受け入れや利用者満足度の高いレクリエーションの開発などが取組項目として挙げられています。

一連の議論により、職員の中にも、攻めの姿勢が必要であるという意識が生まれました。

(7) ステップ5：3～5年間の経営計画への落とし込み

戦略立案会議で承認された取扱項目を実行に移すために、課内会議でそれぞれの取組項目について、モニタリングすべき達成基準と年度ごとの達成目標案を作成し、あらためて戦略立案会議での承認を経て、確定をしました(図表3-1-11)。

とくにモニタリング面では理念・風土及びマネジメントのカテゴリーを重視し、全職員の意識統一のための法人内研修は2か月に1回、経営層及び幹部候補のマネジメント能力の向上のための講習参加は年に2回、経営会議における経営指標や改善活動の実施状況の報告は毎月実施、それらの全職員への状況報告は四半期毎の年4回と設定することとしました。

第3章 モデル事例

【図表3-1-11】経営計画

項目	重点目標	取組項目
理念・風土	法人の理念や方向性が役職員に周知・理解されている	法人内研修による全職員の意識統一
	組織は日々改善していく必要があるという意識を全役職員がもち、積極的な改善活動を行っている	改善支援委員会の立ち上げによる継続的改善のサポート
マネジメント	経営層の意識が高く、経営に対する責任感を強くもっている	講習参加による経営層及び幹部候補のマネジメント能力の向上
	日々の執行状況などの経営管理がしっかりと行われている	経営会議での経営指標と改善活動の実施状況のモニタリングの仕組み構築による管理体制の強化
		経営指標と改善活動の実施状況の公表による職員への周知徹底
人材・教育	スキルや意識向上など役職員への教育に力を入れ、投資をしている	外部研修による介護技術の向上（職員）
		内部研修による介護技術の向上（職員）
		外部研修による接遇力・モラル・学習意欲の向上（役職員）
	働きがいのある職場であり、職員のモチベーションが高い	職員意識アンケート実施による現状把握
		部署間職員交流によるコミュニケーション向上
		「サンキュー」カード活用による業務モチベーション向上
	昇給や昇格などのキャリアアップの機会が設けられている	業績連動型賞与導入に向けた適正な人事考課制度の構築による公平性向上
		新規事業所の展開による管理者ポストの増大
組織管理・システム	業務手順が明確に定められ、質の担保、効率化が徹底されている	部署別業務手順書（マニュアル）の作成による業務標準化
		内部監査の導入によるルールの徹底
	役割と責任が明確化され、ガバナンスの効いた組織管理体制を構築している	組織体制の見直しによる重複部署の削減
		ISO9001の取得による継続的改善にむけた組織体制強化
広報・営業	目的や成果を意識した渉外活動が実施されている	渉外・広報活動支援チームの発足による計画的営業の実施
		広報誌のリニューアルによる法人イメージの向上
		ボランティア活動への費用支援制度の創設による地域活動の促進
サービス提供	現場職員が高い介護技術を身につけている	キャリアラダー制度の導入による技術力の見える化
		（外部研修による介護技術の向上（職員））※前掲
		（内部研修による研修技術の向上（職員））※前掲
	現場職員が接遇を身につけ、サービスを提供しているという意識が高い	（外部研修による接遇力・モラル・学習意欲の向上（役職員））※前掲
	利用者満足につながる質の高いサービスが提供されている	利用者アンケートの実施によるサービス評価の実施
		第三者評価の実施によるサービス評価の実施
		「利用者満足度アップなんでも資金」予算の確保によるサービス提供の柔軟性向上
	ケアの質を高め、同時に職員の業務負荷を軽減させるなどの設備投資に計画的に資金を回している	浴室改修工事による居住環境の向上
		送迎車両の購入による送迎ルートの効率化と時間短縮
		スライディングボードの全面実施による業務負荷の軽減
	利用者に選ばれる事業所となる	（「利用者満足度アップなんでも資金」予算の確保によるサービス提供の柔軟性向上）※前掲
財務	収入の増加に努め、成果が出ている	誤嚥性肺炎・骨折等での入院予防の取り組みによる入所稼働率の向上
		入退所のオペレーション見直しによる入所稼働率の向上
		個別機能訓練加算取得による入所単価の向上
		利用者満足度の高い食事・入浴・レクの開発によるデイ稼働率の向上
		デイサービスのキャンセル率抑制によるデイ稼働率の向上
		短期入所の受け入れ可能利用者拡大の検討による短期稼働率の向上
		（渉外・広報活動支援チームの発足による計画的営業の実施）※前掲
		新規・既存の居宅介護支援事業所への営業強化による新規利用者獲得
	費用の適正化に努め、成果が出ている	清掃・給食委託契約見直し検討による業務委託費の適正化
		職員の配置見直しによる人件費の適正化
	適正な利益を確保できている	サービス区分別原価計算の根拠見直しによる適正利益の分析
		職員福利厚生・設備投資への利益還元計画の策定による目標の明確化
		地域貢献事業予算への利益還元計画の策定による目標の明確化

モニタリングすべき達成基準	担当部署	○年度目標	○年度目標	最終年度目標
理念等に関する研修の実施回数	法人事務局	6回(2か月に1回)	6回(2か月に1回)	6回(2か月に1回)
改善支援委員会の開催回数	改善支援委員会	4回(四半期毎)	4回(四半期毎)	4回(四半期毎)
マネジメントに関する研修の受講回数	法人事務局	2回	2回	2回
経営会議における経営指標と改善活動の実施状況の報告回数	法人事務局	12回(毎月)	12回(毎月)	12回(毎月)
全体会議での報告資料配布回数	法人事務局	4回(四半期毎)	4回(四半期毎)	4回(四半期毎)
介護技術に関する外部研修参加延べ人数	介護課	300人	330人	350人
介護技術に関する内部研修実施回数	介護課	20回	30回	35回
意識向上に関する外部研修参加延べ人数	法人事務局	40人	40人	40人
職員アンケートの実施	法人事務局	実施	実施	実施
職員交流に関する行事の開催回数	厚生会	3回	4回	5回
サンキューカード発行枚数	法人事務局	30枚	50枚	100枚
業績連動型賞与の導入	業績連動型賞与導入検討チーム	―	―	制度導入
新規事業計画の検討	法人事務局	―	検討	判断
業務手順書の登録件数	法人事務局・全部署	5件	5件	5件
内部監査の実施	法人事務局	実施	実施	実施(年2回)
組織体制見直しの検討	法人事務局	―	検討	判断
ISO9001の取得の検討	法人事務局	―	検討	判断
渉外・広報活動支援の報告回数	渉外・広報活動支援チーム	4回(四半期毎)	4回(四半期毎)	4回(四半期毎)
広報誌のリニューアル	渉外・広報活動支援チーム	作成	見直し	見直し
制度の創設	渉外・広報活動支援チーム	―	―	制度創設
キャリアラダーの作成	介護課・看護課・リハビリ課	作成	見直し	見直し
介護技術に関する外部研修参加延べ人数	介護課	300人	350人	350人
介護技術に関する内部研修実施回数	介護課	20回	30回	35回
意識向上に関する外部研修参加延べ人数	事務局	40人	40人	40人
アンケートの実施	相談課	実施	実施	実施
第三者評価の受審	法人事務局・全部署	―	受審	受審
予算の執行率	介護課	100%	100%	100%
改修工事の実施	法人事務局	―	実施	―
利用者の乗車時間の短縮時間数	法人事務局	10分	―	―
スライディングボードの導入率	介護課	80%	100%	100%
予算の執行率	介護課	100%	100%	100%
入院者数の減少率／入所稼働率	介護課	3%／96%	5%／98%	5%／98%
退所・入院後のベッド稼働までの平均空床期間の短縮率／入所稼働率	相談課	3%／96%	5%／98%	10%／98%
加算の取得	看護課	―	取得	―
利用者満足度／デイの稼働率	介護課	85%／68%	90%／70%	95%／75%
デイのキャンセルの減少率／デイ稼働率	介護課	3%／68%	5%／70%	5%／75%
断りの減少率／短期稼働率	介護課	5%／80%	5%／85%	5%／90%
渉外・広報活動支援の報告回数	渉外・広報活動支援チーム	4回(四半期毎)	4回(四半期毎)	4回(四半期毎)
新規営業件数	相談課	50件	50件	50件
業務委託費の減少率	法人事務局	2%	2%	2%
新規採用職員の抑制数	法人事務局	―	1人	1人
経費の按分根拠の見直し	法人事務局	見直し	―	―
利益額の還元率	法人事務局	3%	5%	7%
利益額の還元率	法人事務局	―	3%	5%

著者作成

(8) ステップ6：年度ごとの事業計画への分解

　中期経営計画の承認後、年度事業計画の具体的スケジュールについても検討していきました。

　担当者や月間スケジュールについては各部署で作成をしましたが、部署横断的に取り組む項目については、各課の課長が調整を行い、詳細を詰めていきました(図表3-1-12)。

　とくに重要と位置付けた理念・風土及びマネジメントのカテゴリーについては、理事長を責任者とすることで、その重要度の高さを職員にも理解させることとしました。

第3章 モデル事例

【図表3-1-12】初年度事業計画

項目	重点目標	取組項目	モニタリングすべき達成基準
理念・風土	法人の理念や方向性が役職員に周知・理解されている	法人内研修による全職員の意識統一	理念等に関する研修の実施回数
理念・風土	組織は日々改善していく必要があるという意識を全役職員がもち、積極的な改善活動を行っている	改善支援委員会の立ち上げによる継続的改善のサポート	改善支援委員会の開催回数
マネジメント	経営層の意識が高く、経営に対する責任感を強くもっている	講習参加による経営層及び幹部候補のマネジメント能力の向上	マネジメントに関する研修の受講回数
マネジメント	日々の執行状況などの経営管理がしっかりと行われている	経営会議での経営指標と改善活動の実施状況のモニタリングの仕組み構築による管理体制の強化	経営会議における経営指標と改善活動の実施状況の報告回数
マネジメント		経営指標と改善活動の実施状況の公表による職員への周知徹底	全体会議での報告資料配布回数
人材・教育	スキルや意識向上など役職員への教育に力を入れ、投資をしている	外部研修による介護技術の向上（職員）	介護技術に関する外部研修参加延べ人数
人材・教育		内部研修による介護技術の向上（職員）	介護技術に関する内部研修実施回数
人材・教育		外部研修による接遇力・モラル・学習意欲の向上（役職員）	意識向上に関する外部研修参加延べ人数
人材・教育	働きがいのある職場であり、職員のモチベーションが高い	職員意識アンケート実施による現状把握	職員アンケートの実施
人材・教育		部署間職員交流によるコミュニケーション向上	職員交流に関する行事の開催回数
人材・教育		「サンキュー」カード活用による業務モチベーション向上	サンキューカード発行枚数
人材・教育	昇給や昇格などのキャリアアップの機会が設けられている	業績連動型賞与導入に向けた適正な人事考課制度の構築による公平性向上	業績連動型賞与の導入
人材・教育		新規事業所の展開による管理者ポストの増大	新規事業計画の検討
組織管理・システム	業務手順が明確に定められ、質の担保、効率化が徹底されている	部署別業務手順書（マニュアル）の作成による業務標準化	業務手順書の登録件数
組織管理・システム		内部監査の導入によるルールの徹底	内部監査の実施
組織管理・システム	役割と責任が明確化され、ガバナンスの効いた組織管理体制を構築している	組織体制の見直しによる重複業務の削減	組織体制見直しの検討
組織管理・システム		ISO9001の取得による継続的改善に向けた組織体制強化	ISO9001の取得の検討
広報・営業	目的や成果を意識した渉外活動が実施されている	渉外・広報活動支援チームの発足による計画的営業の実施	渉外・広報活動支援の報告回数
広報・営業		広報誌のリニューアルによる法人イメージの向上	広報誌のリニューアル
広報・営業		ボランティア活動への費用支援制度の創設による地域活動の促進	制度の創設
サービス提供	現場職員が高い介護技術を身につけている	キャリアラダー制度の導入による技術力の見える化	キャリアラダーの作成
サービス提供		（外部研修による介護技術の向上（職員））※前掲	介護技術に関する外部研修参加延べ人数
サービス提供		（内部研修による研修技術の向上（職員））※前掲	介護技術に関する内部研修実施回数
サービス提供	現場職員が接遇を身につけ、サービスを提供しているという意識が高い	（外部研修による接遇力・モラル・学習意欲の向上（役職員））※前掲	意識向上に関する外部研修参加延べ人数
サービス提供	利用者満足につながる質の高いサービスが提供されている	利用者アンケートの実施によるサービス評価の実施	アンケートの実施
サービス提供		第三者評価の実施によるサービス評価の実施	第三者評価の受審
サービス提供		「利用者満足度アップなんでも資金」予算の確保によるサービス提供の柔軟性向上	予算の執行率
サービス提供	ケアの質を高め、同時に職員の業務負荷を軽減させるなどの設備投資に計画的資金を回している	浴室改修工事による居住環境の向上	改修工事の実施
サービス提供		送迎車両の購入による送迎ルートの効率化と時間短縮	長期乗車の利用者の乗車時間の短縮時間
サービス提供		スライディングボードの全面導入による業務負荷の軽減	スライディングボードの導入率
サービス提供	利用者に選ばれる事業所となる	（「利用者満足度アップなんでも資金」予算の確保によるサービス提供の柔軟性向上）※前掲	予算の執行率
財務	収入の増加に努め、成果が出ている	誤嚥性肺炎・骨折等での入院予防の取り組みによる入所稼働率の向上	入院者数の減少率／入所稼働率
財務		入退所のオペレーション見直しによる入所稼働率の向上	退所・入院後のベッド稼働までの平均空期間の短縮率／入所稼働率
財務		個別機能訓練加算取得による入所単価の向上	加算の取得
財務		利用者満足度の高い食事・入浴・レクの開発によるデイ稼働率の向上	利用者満足度／デイの稼働率
財務		デイサービスのキャンセル率抑制によるデイ稼働率の向上	デイのキャンセルの減少率／デイ稼働率
財務		短期入所の受け入れ可能利用者拡大の検討による短期稼働率の向上	断りの減少率／短期稼働率
財務		（渉外・広報活動支援チームの発足による計画的営業の実施）※前掲	渉外・広報活動支援の報告回数
財務		新規・既存の居宅介護支援事業所への営業強化による新規利用者獲得	新営業件数
財務	費用の適正化に努め、成果が出ている	清掃・給食委託契約見直し検討による業務委託費の適正化	業務委託率の減少率
財務		職員の配置見直しによる人件費の適正化	新規採用職員の抑制数
財務	適正な利益を確保できている	サービス区分別原価計算の根拠見直しによる適正利益の分析	経費の按分根拠の見直し
財務		職員福利厚生・設備投資への利益還元計画の策定による目標の明確化	利益額の還元率
財務		地域貢献事業予算への利益還元計画の策定による目標の明確化	利益額の還元率

担当部署	〇年度目標	責任者	実施者	アクション先	4月	5月	6月	7月	8月	9月	10月	11月	12月	1月	2月	3月
法人事務局	6回(2か月に1回)	理事長	事務局長	役職員	年間計画立案	研修		研修		研修		研修		研修		研修
改善支援委員会	4回(四半期毎)	理事長	改善支援委員会	役職員			委員会			委員会			委員会			委員会
法人事務局	2回	理事長	事務局長	幹部・幹部候補	年間計画立案						研修				研修	
法人事務局	12回(毎月)	理事長	事務局長	課長以上		報告	報告	報告	報告	報告	報告	報告	報告	報告	報告	報告
法人事務局	4回(四半期毎)	理事長	事務局長	役職員			資料配布			資料配布			資料配布			資料配布
介護課	300人	介護課長	介護主任・〇〇氏	職員	・4月年間計画立案 ・通年で実施 ・随時見直し											
介護課	20回	介護課長	介護主任	職員・外部講師	・4月年間計画立案 ・通年で実施 ・随時見直し											
法人事務局	40人	事務局長	事務主任	役職員	・4月年間計画立案 ・通年で実施 ・随時見直し											
法人事務局	実施	事務局長	〇〇氏、〇〇氏	役職員	アンケート作成			アンケート配布			アンケート集計			報告		
厚生会	3回	施設長	厚生課	役職員	年間計画立案		開催			開催						開催
法人事務局	30枚	施設長	〇〇氏	役職員						広報		プレ実施	見直し	実施		
業績連動型賞与導入検討チーム	―	理事長	業績連動型賞与導入検討チーム	―	なし											
法人事務局	―	理事長	事務局長	―	なし											
法人事務局・各部署	5件	事務局長	施設長	役職員	準備		部署説明会			・経営会議にて審議 ・随時登録・施行			実施			
法人事務局	実施	事務局長	施設長	課長以上	なし											
法人事務局	―	事務局長	事務局長	―	なし											
法人事務局	―	理事長	事務局長	―	なし											
渉外・広報活動支援チーム	4回(四半期毎)	施設長	渉外・広報活動支援チーム	行政、ケアマネ、利用者家族、医療機関、町内会等			報告			報告			報告			報告
渉外・広報活動支援チーム	作成	施設長	渉外・広報活動支援チーム	広報誌作製業者					検討・打ち合わせ			リニューアル				
渉外・広報活動支援チーム	―	施設長	渉外・広報活動支援チーム	役職員	なし											
介護課・看護課・リハビリ課	作成	施設長	介護課長・看護課長・リハビリ課長	役職員・コンサルタント	準備・コンサルタント契約				作成							登録
介護課	300人	介護課長	介護主任・〇〇氏	職員	・4月年間計画立案 ・通年で実施 ・随時見直し											
介護課	20回	介護課長	介護主任	職員・外部講師	・4月年間計画立案 ・通年で実施 ・随時見直し											
事務局	40人	事務局長	事務主任	役職員	・4月年間計画立案 ・通年で実施 ・随時見直し											
相談課	実施	相談課長	〇〇氏	利用者・利用者家族	アンケート作成			アンケート配布・インタビュー実施			集計			報告		
法人事務局・各部署	―	施設長	事務主任	役職員、利用者・利用者家族、評価機関	なし											
介護課	100%	施設長	介護主任	職員						随時実施						
法人事務局	―	施設長	〇〇氏	業者	なし											
法人事務局	10分	施設長	〇〇氏	送迎委託業者、利用者・利用者家族			ルート見直し調査・分析				車両購入	新ルートスタート			測定・報告	
介護課	80%	介護課長	〇〇氏、〇〇氏	職員	事例調査			試行の実施			検討			全面実施			
介護課	100%	施設長	介護主任	職員						随時実施						
介護課	3%/96%	介護課長	介護主任	職員	現状分析・リスク評価	ルール策定				ルール実施・モニタリング						
相談課	3%/96%	相談課長	〇〇氏	職員	現状分析・リスク評価	ルール策定				ルール実施・モニタリング						
看護課・リハビリ課	―	看護課長	〇〇氏、〇〇氏	看護師・OT・PT	なし											
介護課	85%/68%	介護課長	介護主任	職員	サービス見直検討					新サービス実施						
介護課	3%/68%	介護課長	〇〇氏	職員	現状分析・リスク評価	ルール策定				ルール実施・モニタリング						
介護課	5%/80%	介護課長	〇〇氏	職員、ケアマネ、医療機関	現状分析・リスク評価	ルール策定				ルール実施・モニタリング						
渉外・広報活動支援チーム	4回(四半期毎)	施設長	渉外・広報活動支援チーム	行政、ケアマネ、利用者家族、医療機関、町内会等			報告			報告			報告			報告
相談課	50件	相談課長	相談主任	ケアマネ、地域包括支援センター	営業先選定					随時実施						
法人事務局	2%	事務局長	〇〇氏、〇〇氏	業者	近隣調査			仕様検討		公告		競争入札実施	理事会承認	契約		
法人事務局	―	事務局長	事務主任	―	なし											
法人事務局	見直し	事務局長	事務主任				経費案分基準の見直し					理事会承認	中間報告	経理規程変更		
法人事務局	3%	理事長	事務局長									中間報告		中間報告		
法人事務局	―	理事長	事務局長		なし											

著者作成

(9)中期経営計画書の作成

こうして、さくら福祉会は、理事会及び法人事務局が中心となり、多くの役職員を巻き込みながら、中期経営計画及び年度事業計画の策定を行いました。

さらに、さくら福祉会は、中期経営計画の内容を法人の全役職員及び外部関係者に向けて宣言することとし、中期経営計画書を作成して全役職員に配布するとともに、法人ホームページに掲載することとしました(図表3-1-13)。

ホームページ掲載用には、自法人に対する分析内容を省略するとともに他の事業者や協力者についての個別の情報は除くこととし、取組項目については作成した表を掲載することとしました。

さらに利用者やその家族が閲覧することを念頭に置いて、行事計画や法人組織図などを別添として掲載することとしました。

こうして社会福祉法人さくら福祉会は、理事会及び法人事務局が中心となって多くの役職員を巻き込んだ経営計画・事業計画の策定を行ったことで、法人全体の意識が変わりはじめ、法人の理念・ビジョンを実現すべく、動き出すこととなりました。

【図表3-1-13】中期経営計画書

平成○年度～平成○年度
社会福祉法人さくら福祉会　中期経営計画（※外部公表用）

≪はじめに≫
　当法人は、昭和55年より○○地区において介護事業を実施してきたが、数次の制度改正を経るなかで、社会福祉法人の在り方も含めて、地域における当法人の存在意義がより強く求められている状況に鑑み、さらなるサービスの向上と財務基盤の強化を目的とした中期経営計画を立案し、実行していくこととした。

≪実施期間≫
平成○年度～平成○年度。
なお、本計画は2年目である平成○年度に見直しを実施し、必要があれば中期経営計画の修正を行うこととする。

≪法人基本理念≫
　私たちは、福祉の担い手としての社会的役割を認識し、地域の多様なニーズに応えるべく、真の福祉人材を育成し、利用者が地域の中で安心とやすらぎのある人生をおくることができる社会の実現を目指します

≪平成○年度～平成○年度　経営ビジョン≫
あらゆるリソースを活用し、「当法人ならでは」の地域におけるオンリーワンを目指します
◆ 利用者目線を徹底し、質の高いサービスを追求し続け、利用者にとって安心とやすらぎを提供できる法人
◆ さまざまな福祉ニーズに対応できる柔軟性と機動力をもち、先進的な事業展開に向けてチャレンジし続ける法人
◆ 合理的で効率のよい経営を意識し、将来にわたって地域福祉に貢献し続けることができる体力をもつ法人
◆ 福祉のプロフェッショナルであるという自覚と責任と誇りをもって、学び続ける人財を育てることができる法人

≪外部環境の分析結果≫
【社会】
　介護に対する政策は国の最重要事項の一つであり、今後も成長市場であることには間違いはなく、介護業界を新たなマーケットと捉え、新規参入してくる大手企業も増加し続ける。しかし、介護報酬の減額への流れが加速し、特に入所系の報酬増加は見込めない状況のなかで、今後は多職種や他事業所との連携に対する取り組みが評価されることが予想される。また、在宅への介護サービスのシフトやさまざまな民間企業の介護サービスへの参入、第一種社会福祉事業への民間企業の参入への議論など今後も介護業界を取り巻く環境変化は大きいことが予想される。
　そうしたなかで、中小企業の財務状況が悪化し、銀行の融資先として成長性の高い介護事業が注目されつつある一方、倒産する零細介護事業者が増え、経営意識の高い事業者とそうでない事業者への格付けが二極化することが予想される。
　全国的に高齢化は進むが、地域によっては人口減少による高齢者数の減少が始まっている。また、労働人口が減るとともに、都市部や若者が流れ続ける。
　措置から契約制度となり、一昔前の介護をお願いすることへの家族の後ろめたさなどの意識が薄まり、サービスという感覚が強まるとともに、利用者本人や家族からの介護サービスへの要望が高まり、利用者や家族による介護事業者の評価意識が強くなる。
　近年、社会福祉法人に対するさまざまな世論があり、虐待、火事、事故、横領・着服など、コンプライアンスやリスク管理に対する介護事業者の運営姿勢への国民の関心はさらに高まっている。そうしたなかで法人内部留保問題や地域貢献などの議論を通して社会福祉法人への大きな転換が期待されている。
　‥‥(以下省略)

【市場】
　法人が所在する○市は人口約8万5千人、高齢化率28％で全国平均25％よりも高齢化が進んでいる地域となっている。さらに高齢化率は2025年には36％、うち75歳以上の割合が20％に達すると予測されている。
　このうち、昭和に一斉整備された市営の大型団地の集中する○○地区は、独居高齢者の数が急速に増えているとともに、独居でなくても、農業に従事する家族が減り、家族の都心部への勤務で日中に一人となる世帯が多い。この地域の世帯の所得はあまり高くなく、介護サービスに対するニーズは高いが、料金負担が原因でサービスを断る世帯も増えてきている。なお、この地域の平均賃金は○円で全国平均を○円下回っている。
　利用者は、介護度が高くなって在宅での介護が難しくなった高齢者の短期へのサービス希望が多くなってきており、逆に自立度が低くない利用者は、なかなか頻繁なサービス利用にはつながらず、自宅に閉じこもりぎみとなっている。これらは世帯の所得にも影響していることが想像される。しかし、そうした自立度が低くない独居高齢者は、食事もあまりしっかりとはとらずに、栄養が足りていない方や入浴ができていない方も散見される。
　‥‥(以下省略)

【競合】
　近年、同一地域に特別養護老人ホームが多く建設され、併設される短期入所やデイサービス数も急増している。市内に特養は13施設、過去3年間で8件の新設があり、すべてユニット型での整備となっており、それらの新しい施設へ当施設の入所希望待機者が流れている。
　さらに小規模の単独型デイサービスも多く存在し、利用者の取り合いが激化している状況が見られる。こうしたデイサービスは、リハビリなどの機能回復に特化したものが多く、○キロ圏内に○件が存在している。また、大手企業によるサービス付き高齢者向け住宅の建設が続いているが、入居率は低い。

介護人材の慢性的な不足のなか、就職希望者が人気のある施設に集中している状況が見られる。
・・・・(以下省略)

【協力】
　市内には病院は5つ、うち市営が2つ、診療所は50存在する。人口10万人あたり医師数は○人と、全国平均に比べ○人少ない。また、急性期病床数も全国平均を○床下回っている医療資源の少ない地域といえる。近隣には市営の病院1つと民間病院が2つあるが、お互いの連携はあまりないようである。市営の病院は数年後に市内のもう一つの市営病院との統合が決定しており、閉鎖後の病院建物は民間移譲(介護施設への転用)が検討されている。
　また、現在行政が行っている地域包括支援センターを委託することが決定している。
・・・・(以下省略)

≪内部環境の分析結果≫
　近年、介護報酬の減額による入所収益が減少するとともに、稼働率も下がってきている。特に短期入所やデイの稼働率低下が顕著であり、平成○年には○千円であった経常活動増減差額も、平成○年には○千円にまで減り、平成○年度の利益率は○％にとどまっている。収入が下がる一方で、勤続年数の長い職員の割合が高く人件費が増加している。また、建物が老朽化しており、給排水設備や空調設備など大規模な改修工事が必要な状況である。
　職員は、ベテラン職員も多く、職員の顔や名前をよく知る地域住民も多く、地域との交流は古くから行っており、町内会の行事参加など地域に根ざした運営がされているが、近年、新興住宅地が増え、当法人を知らない住民も増えているが、法人の行っている事業についてはあまり積極的にアピールを行っていない状況が続いている。
・・・・(以下省略)

≪中期経営計画における基本戦略≫
□ 法人の理念や方向性を役職員に周知・理解し、組織は日々改善していく必要があるという意識を全役職員がもち、積極的な改善活動を行う。
□ 役職員の教育への積極投資によって、モチベーションの向上、高い介護技術の習得、職員の接遇意識の高まり、経営層の責任感向上といった効果を得る。
□ 職員の介護技術力、接遇意識、そして介護業務にかかる設備投資が、利用者満足につながる質の高いサービスを生み出すものであり、その結果、選ばれる事業所として収入増加に貢献する。
□ 経営層の経営意識の高まりが、ガバナンスの効いた組織管理体制の構築を促し、業務手順の明確化や日々の執行管理体制の向上、目的ある渉外活動などにつながることで、収入の増加及び費用の適正化の成果を得る。
□ 適正な利益が確保し、それらを昇給や昇格などのキャリアアップに対する投資、ケアの質を高め職員の業務負担を軽減させる設備への投資、スキルや意識向上などの役職員教育への投資に集中投下する。

≪重点目標≫
Ⅰ．法人の理念や方向性が役職員に周知・理解されている
　・・・・(以下省略)
　① 法人内研修による全職員の意識統一
　・・・・(以下省略)

Ⅱ．組織は日々改善していく必要があるという意識を全役職員がもち、積極的な改善活動を行っている
　・・・・(以下省略)
　① 改善支援委員会の立ち上げによる継続的改善のサポート
　・・・・(以下省略)

Ⅲ．経営層の意識が高く、経営に対する責任感を強くもっている
　・・・・(以下省略)
　① 講習参加による経営層及び幹部候補のマネジメント能力の向上
　・・・・(以下省略)

Ⅳ．日々の執行状況などの経営管理がしっかりと行われている
　・・・・(以下省略)
　① 経営会議での経営指標と改善活動の実施状況のモニタリングの仕組み構築による管理体制の強化
　・・・・(以下省略)
　② 経営指標と改善活動の実施状況の公表による職員への周知徹底
　・・・・(以下省略)

　・・・・(以下省略)

≪取組項目≫

項目	重点目標	取組項目	モニタリングすべき達成基準	担当部署	○年度目標	○年度目標	最終年度目標
理念・風土	法人の理念や方向性が役職員に周知・理解されている	法人内研修による全職員の意識統一	理念等に関する研修の実施回数	法人事務局	6回(2か月に1回)	6回(2か月に1回)	6回(2か月に1回)
	組織は日々改善していく必要があるという意識を全役職員がもち、積極的な改善活動を行っている	改善支援委員会の立ち上げによる継続的改善のサポート	改善支援委員会の開催回数	改善支援委員会	4回(四半期毎)	4回(四半期毎)	4回(四半期毎)
マネジメント	経営層の意識が高く、経営に対する責任感を強くもっている	講習参加による経営層及び幹部候補のマネジメント能力の向上	マネジメントに関する研修の受講回数	法人事務局	2回	2回	2回
	日々の執行状況などの経営管理がしっかりと行われている	経営会議で経営指標と改善活動のモニタリングを仕組み構築による管理体制の強化	経営会議における経営指標と改善活動の実施状況の報告回数	法人事務局	12回(毎月)	12回(毎月)	12回(毎月)
		経営指標と改善活動の実施状況の公表による職員への周知徹底	全体会議での報告資料配布回数	法人事務局	4回(四半期毎)	4回(四半期毎)	4回(四半期毎)
人材・教育	スキルや意識向上など役職員への教育に力を入れ、投資をしている	外部研修による介護技術の向上(職員)	介護技術に関する外部研修参加延べ人数	介護課	300人	330人	350人
		内部研修による介護技術の向上(職員)	介護技術に関する内部研修実施回数	介護課	20回	30回	35回
		外部研修による接遇力・モラル・学習意欲の向上(役職員)	意識向上に関する外部研修参加延べ人数	法人事務局	40人	40人	40人
	働きがいのある職場であり、職員のモチベーションが高い	職員意識アンケート実施による現状把握	職員アンケートの実施	法人事務局	実施	実施	実施
		部署間職員交流によるコミュニケーション力向上	職員交流に関する行事の開催回数	厚生会	3回	4回	5回
		サンキューカード活用による業務モチベーション向上	サンキューカード発行枚数	法人事務局	30枚	50枚	100枚
	昇給や昇格などのキャリアアップの機会が設けられている	業績連動型賞与導入に向けた適正な人事考課制度の構築による公平性向上	業績連動型賞与の導入	業績連動型賞与導入検討チーム	―	―	制度導入
		新規事業計画の展開による管理者ポストの増大	新規事業計画の検討	法人事務局	―	検討	判断
組織管理・システム	業務手順が明確に定められ、質の担保、効率化が徹底されている	部署別業務手順書(マニュアル)の作成による業務標準化	業務手順書の登録件数	法人事務局・全部署	5件	5件	5件
		内部監査の実施によるルールの徹底	内部監査の実施	法人事務局	実施	実施	実施(年2回)
	役割と責任が明確化され、ガバナンスの効いた組織管理体制を構築している	組織体制の見直しによる重複部署の削減	組織体制見直しの検討	法人事務局	―	検討	判断
		ISO9001の取得による継続的改善にむけた組織体制強化	ISO9001の取得の検討	法人事務局	―	検討	判断
渉外・営業	目的や成果を意識した渉外活動が実施されている	渉外・広報活動支援チームの発足による計画的な営業の実施	渉外・広報活動支援の報告回数	渉外・広報活動支援チーム	4回(四半期毎)	4回(四半期毎)	4回(四半期毎)
		広報誌のリニューアルによる法人イメージの向上	広報誌のリニューアル	渉外・広報活動支援チーム	作成	見直し	見直し
		ボランティア活動への費用支援制度の創設による地域活動の促進	制度の創設	渉外・広報活動支援チーム	―	―	制度創設
サービス提供	現場職員が高い介護技術を身につけている	キャリアラダー制度の導入による技術力の見える化	キャリアラダーの作成	介護課・看護課・リハビリ課	作成	見直し	見直し
		(外部研修による介護技術の向上(職員)) ※前掲	介護技術に関する外部研修参加延べ人数	介護課	300人	350人	350人
		(内部研修による介護技術の向上(職員)) ※前掲	介護技術に関する内部研修実施回数	介護課	20回	30回	35回
	現場職員が接遇を身につけ、サービスを提供しているという意識が高い	(外部研修による接遇力・モラル・学習意欲の向上(役職員)) ※前掲	意識向上に関する外部研修参加延べ人数	事務局	40人	40人	40人
	利用者満足につながる質の高いサービスが提供されている	利用者アンケートの実施によるサービス評価の満足	アンケートの実施	相談課	実施	実施	実施
		第三者評価の実施によるサービス評価の満足	第三者評価の受審	法人事務局・全部署	―	受審	受審
		「利用者満足度アップなんでも資金」予算の確保によるサービス提供の柔軟性向上	予算の執行率	介護課	100%	100%	100%
	ケアの質を高め、同時に職員の業務負荷を軽減させるなどの設備投資に計画的に資金を回している	浴室改修工事による居住環境の向上	改修工事の実施	法人事務局	―	実施	―
		送迎車両の購入による新ルートの効率化と時間短縮	長期車両と利用者の乗車時間の短縮時間数	法人事務局	10分		
		スライディングボードの全面実施による業務負荷の軽減	スライディングボードの導入率	介護課	80%	100%	100%
	利用者に選ばれる事業所となる	(「利用者満足度アップなんでも資金」予算の確保によるサービス提供の柔軟性向上) ※前掲	予算の執行率	介護課	100%	100%	100%
財務	収入の増加に努め、成果が出ている	誤嚥性肺炎・骨折等での入院予防の取り組みによる入所稼働率の向上	入院者数の減少率/入所稼働率	介護課	3%/96%	5%/98%	5%/98%
		入退院のオペレーション見直しによる入所稼働率の向上	退所・入院後のベッド稼働までの平均空床期間の短縮率/入所稼働率	相談課	3%/96%	5%/98%	10%/98%
		個別機能訓練加算取得による入所単価の向上	加算の取得	看護課	―	取得	
		利用者満足度の高い食事・入浴・レクの開発によるデイ稼働率の向上	利用者満足度/デイの稼働率	介護課	85%/68%	90%/70%	95%/75%
		デイサービスのキャンセル率抑制によるデイ稼働率の向上	デイキャンセルの減少率/デイ稼働率	介護課	3%/68%	5%/70%	5%/75%
		短期入所の受け入れ可能利用者拡大の検討による短期稼働率の向上	断りの減少率/短期稼働率	介護課	5%/80%	5%/85%	5%/90%
		(渉外・広報活動支援チームの発足による計画的な営業の実施) ※前掲	渉外・広報活動支援の報告回数	渉外・広報活動支援チーム	4回(四半期毎)	4回(四半期毎)	4回(四半期毎)
		新規・既存の居宅介護支援事業所への営業強化による新規利用者獲得	新規営業件数	相談課	50件	50件	50件
	費用の適正化に努め、成果が出ている	清掃・給食委託契約見直しによる業務委託費の適正化	業務委託費の減少率	法人事務局	2%	2%	2%
		職員の配置見直しによる人件費の適正化	新規採用職員の抑制数	法人事務局	―	1人	1人
	適正な利益を確保できている	サービス区分別原価計算の根拠見直しによる適正利益の分析	経費の按分根拠の見直し	法人事務局	見直し	―	―
		職員福利厚生・設備投資への利益還元計画の策定による目標の明確化	利益額の還元率	法人事務局	3%	5%	7%
		地域貢献事業予算への利益還元計画の策定による目標の明確化	利益額の還元率	法人事務局	―	3%	5%

著者作成

モデル事例②
2 デイサービス事業立ち上げにおける経営計画・事業計画

　前項では、特別養護老人ホームを運営する社会福祉法人の事例を用いて経営計画・事業計画の策定方法を説明しました。この項では、デイサービスを新たに立ち上げるNPO法人の事例をもとに、新規事業立ち上げ時の経営計画・事業計画の策定の仕方を説明します。

　今回の事例における事業者の概況及び外部環境は、図表3-2-1のとおりです。

【図表3-2-1】法人概況及び外部環境

――法人概況――

【法人名】
NPO法人　かえで会
【状況】
デイサービスで生活相談員として働いていた職員が、自らが代表となるNPO法人を設立し、東京都○○市にてデイサービスを新たに立ち上げることとしている。
なお、看護師1名と介護職員1名はすでに確保できており、経営者を含めた3名で事業を開始する予定である。

――外部環境――

【東京都○○市】
・人口約18万1千人　約8万世帯
・高齢化率は約20%で、2025年には約25%に達すると予測されている
・東京都心のベットタウンとして繁栄し、人口は増加を続けてきた。しかしながら、市内の有力企業は移転し、今後、人口はあまり増加せず、高齢化が進展していくことが予想されている
・要支援・要介護認定者数は年々増加しており、現在約7,000人。とくに要支援1及び要支援2が急増しており、今後とも要支援・要介護認定者数は増加していく見込みである
・施設系サービスの利用者数は約800人。特別養護老人ホーム、介護老人保健施設がそれぞれ5施設存在している
・居宅系サービスの利用者数は、約9,000人。デイサービスは40事業所が存在している

事業所については、住宅地にある空き家の所有者から利用許可を取り付けており、開設場所は確保できる見通しが立っています。
　NPO法人の初期メンバーは、経営者（生活相談員）、看護師、介護職員の3名で、全員デイサービス事業での勤務経験があります。
　しかし、3名とも事業所の立ち上げ経験がないことから、サービス提供を開始するまでの道筋は不透明で、手探りで物事を進めている状況です。

（1）法人の経営理念の設定

　法人の立ち上げにあたっては、まず、その法人の経営理念を設定する必要があります。この法人の経営者は、地域に貢献したいとの強い思いから、「地域」というキーワードを重視し、経営理念を図表3-2-2のとおり設定しました。

【図表3-2-2】経営理念

――経営理念――
地域の人々が、いつまでも笑顔で暮らせるよう、地域社会に貢献します

（2）法人のビジョンの設定

　経営理念を設定した後に、初期メンバー3名で話し合い法人の将来の目指すべき姿であるビジョンを図表3-2-3のとおり設定しました。

【図表3-2-3】ビジョン

―――平成○年度～○年度　ビジョン―――

住民が地域の中で暮らし続けることができるよう支援し続けている法人を目指します

[行動指針]
◆私たちは、利用者が地域の中で最後まで生活できるよう支援します
◆私たちは、介護事業の枠にとらわれず、地域の活性化に貢献します
◆私たちは、自らの役割を永続的に果たすため、効率的な経営を行います
◆私たちは、自信と誇りをもってサービスを提供します

　このビジョンは、経営理念のとおり「地域の人々が地域の中で暮らせるようにするため」には、どのような法人であるべきなのかを検討し、設定したものです。

　また、地域に貢献できる法人であるためには、どのような行動をとればよいのかを明確にするために、行動指針として法人の役職員が向かうべき方向性を次の4つの視点から設定しました。

　①サービス（なぜ介護サービスを提供するのか）
　②組織（地域の一員としてどのようにあるべきなのか）
　③永続性（将来に渡りサービスを提供するためにどのようにしていくべきなのか）
　④職員（職員に何を求めるのか）

（3）ステップ1：外部環境分析による事実の整理

　経営理念・ビジョンを設定したのち、第2章の手順に従って、外部環境分析を**図表3-2-4**のとおり行いました。

第3章 モデル事例

【図表3-2-4】外部環境分析

カテゴリー	項目	調査・分析の視点
社会	政治	・今の政治・政府は介護事業者にとってどのような影響を与えているのか。今後はどのような方向に進んでいくのか。 ・介護事業者に影響を与える法律や通知の改正はあったのか。また今後の改正はどのような方向に進んでいくのか。 ・社会福祉事業への株式会社参入や外国人介護士など、現在どのような規制緩和や規制強化が進められているのか。今後はその流れはどのようになるのか。
	経済	・日本の景気は上向きか下向きか。今後はどのようになるのか。 ・企業の活動は活発なのかどうか。介護業界はどうなのか。 ・金利は上昇しているのか、下降しているのか。今後はどのようになるのか。 ・介護事業者による銀行借り入れはしやすいのか。今後はどのようになるのか。
	社会	・日本の人口構成はどのようになるのか。少子高齢化は今後どのように推移するのか。 ・高齢者やその家族の介護に対する価値観はどのように変化しているのか。 ・高齢者やその家族のライフスタイルはどのように変化しているのか。 ・現在、介護事業に対するどのような世論がおきているのか。それは今後どのように発展していくのか。
	技術	・特殊浴槽や新調理システムなど福祉関連機器の技術発展が介護現場にどのような影響をあたえるのか。 ・現在、広く導入されている設備や技術は今後どのようになるのか。差別化やサービス向上に貢献するのか。 ・介護ロボなどの業界構造を大きく変える可能性がある技術発展はどのような状況か。
市場	地域市場	・この地域の高齢者数は増えているのか。とくにどのエリアなのか。 ・この地域の高齢者は、同居、高齢者のみの世帯、独居のいずれが多いのか。それは今後どのように推移するのか。 ・この地域の利用者やその家族がサービスを選択・決定する際の判断ポイントはどのようなものか。 ・この地域の産業や住民のライフスタイルは高齢者のサービス利用にどのような影響を与えているのか。
	利用者	・利用を希望する高齢者の性別、年齢、家族構成、介護度、日常生活自立度、疾患はどのような状況か。現在サービスを利用している高齢者と利用を希望する高齢者に違いはあるのか。 ・それらの高齢者はどのような問題を抱えているのか。また、どのような要望をもっているのか。 ・それらの高齢者の家族はどのような問題を抱えているのか。また、どのような要望をもっているのか。
競合	同業者業界	・同一地域において、自法人と同じ介護サービスを提供する新たな競合他業者は増えているのか。今後はどのようになるのか。 ・現在同じ介護サービスを提供している競合他業者はより多くの利用者を獲得するためにどのような取り組みを行っているのか。サービスの質の向上やある分野に特化するなどのトレンドはあるのか。 ・他の種類の介護サービスや介護以外のサービスの台頭によって利用者が流れてはいないのか。今後その可能性はないのか。 ・サービスを受ける利用者やその家族、プランを作成する担当ケアマネジャーといった介護サービス利用の意思決定に関わる者が自法人を含む介護事業者に対してどのような考え方をもっているのか。力関係はどのようになっているのか。それらは変化しているのか。 ・介護事業者が介護サービスを提供するために必要な人材や物品などのリソース確保は、どのような状況なのか。今後はどのようになっていくのか。
	競合他業者	・スタッフ、ノウハウ、財務状況、展開意欲、シェア、サービス内容、企業風土、営業スタイル、組織構造など、同一地域における競合他業者はそれぞれどのような特徴をもっているのか。今後はどのような動きが予想されるのか。 ・彼らのもつ強みはどのようなものか。それは自法人にも当てはまるのか。 ・彼らの抱える弱みはどのようなものか。それは自法人にも当てはまるのか。
協力	協力者業界	・地域の協力・連携体制は充実しているのか、どのような協力・連携体制が強い(弱い)のか。今後はどのような動きが予想されるのか。 ・今後、協力・連携体制に参加(退away)する者は存在するのか。
	協力・連携者	・近隣の地域住民・ボランティアは、自法人にとって協力・連携者となり得るのか、どのような取り組みが考えられるのか。 ・近隣の病院や開業医は、自法人にとって協力・連携者となり得るのか、どのような取り組みが考えられるのか。 ・行政(市町村)や地域包括支援センター、社協は、自法人にとって協力・連携者となり得るのか、どのような取り組みが考えられるのか。 ・ケアマネジャーは、自法人にとって協力・連携者となり得るのか、どのような取り組みが考えられるのか。 ・訪問看護事業者や自法人以外の介護事業者は、自法人にとって協力・連携者となり得るのか、どのような取り組みが考えられるのか。 ・サービス付き高齢者向け住宅などの高齢者住宅運営事業者は、自法人にとって協力・連携者となり得るのか、どのような取り組みが考えられるのか。

内容
• 介護に対する政策は国の最重要事項の1つであるが、介護に係る国民負担は上昇傾向
• 特にデイサービス事業は収支差率が高いとの指摘もあり、今後介護報酬の減額がなされていく可能性
• 地域包括ケアを重視する流れのなかで、他職種や他事業所との連携に対する取り組みが今後評価される見込み
• 社会福祉法人についてはさまざまな議論がなされており、イコールフッティングについての議論は今後も続く可能性
• 日本の景気は消費税増税などの影響もあるが、急激に回復する見込みはあまりない
• こうしたなか介護業界を新たなマーケットとして捉え、他業種が介護マーケットへ参入してくる見込み
• 金融機関は、量的緩和が継続されていることから貸出先を常に探している状況。今後、成長が見込まれる介護業界へは積極的に融資をしてもらえる可能性
• 金利については、現時点においては相当な低金利であるが、将来的にどうなるかは不透明
• 建築単価が高騰していることから、建築費が上昇傾向にある
• 高齢化は進むが、地域によっては人口減少による高齢者数の減少が始まる
• 介護保険料を支払ってきた世代が高齢化することで、介護サービス事業に対する要求レベルは高くなることが見込まれる
• 家族介護という形態は減少し、介護サービスを上限まで利用する傾向が強まる
• 現在の家族には、施設や事業所に利用者を預かってもらっているという感覚が一部残っているが、今後は利用してあげるという消費者意識が強まる見込み
• 福祉機器は発展するが、人による介護サービスはなくならない
• 介護技術は日々進化しており、常に最新の技術論を学習しなければならない状況になる
地域における高齢者数は増加する見込み。特に、団塊の世代が同時期に一斉に入居したニュータウン地区ではその傾向が顕著
山を切り開いたニュータウンが存在しており、高齢者にはアップダウンが厳しい地形。送迎における快適さが重視される可能性
ニュータウンの子どもたちは結婚し家を出る傾向にあり、老夫婦2人もしくは独居老人が増える傾向
インターネットを利用し情報を収集する高齢者が増えるため、今後は、サービスの利用決定にインターネットなどにおける口コミ情報が有力になる
現在、デイサービスを利用しているのは団塊の世代の親世代が多く、サービスを受けることだけで満足している状況。今後、団塊の世代が利用者になることが見込まれサービス要求水準が高くなる見込み
今後の利用者は都心部でビジネスマンとして働いていた層が多く、介護保険料を支払った意識も高いことから積極的に介護保険を利用しようとする可能性
独立した子どもたちは親と同居して介護をするのではなく、なるべく親がその地域で引き続き生活してもらうことを望む傾向
デイサービスは40事業所が存在しているが、特別養護老人ホームや有料老人ホームなどに併設されている比較的中〜大規模の事業所が多い。今後は、利用者のきめ細やかなニーズに応えるために小規模デイサービス事業者が増加する見込み
現在の事業者は、デイサービスを利用者のレクリエーションの場として位置付けており、積極的にリハビリを実施している事業所は少ない
市は特別養護老人ホーム（現在5施設）や介護老人保健施設（現在5施設）などの施設数を増やしていきたいと考えており、居宅系サービスは事業者に自由に任せるとの方向
市内に老人クラブが複数存在し、高齢者の方は、老人クラブなどで地域との交流を図っている。老人クラブへの参加が介護予防の一環になっている状況
介護人材は不足しているが、子育てを終えた主婦層が多く存在し、地元で短時間働きたいというニーズは存在
社会福祉法人によるデイサービスは一定程度存在するが、施設系サービスの延長で行っている状況
特に、この地域で2つの特別養護老人ホームを経営する社会福祉法人A（経営者は地元の有力企業の社長）は、4つのデイサービスを経営しており、地域におけるブランド力はある一方で、大きな特徴も見受けられない
地域で2つのデイサービスを経営している株式会社Bは、地元に密着した企業で、多様なデイサービスのプログラムを用意しており、要介護度が低い利用者から人気を集めている
地域にある市立病院は社会福祉法人と積極的に連携している傾向
診療所の多くは、訪問診療を行っており、介護事業者との連携も積極的に図っている
市は認知症の方への対応に力をいれており、今後、認知症グループホームの数を増やしていくことを計画
C地域は会社をリタイアした方が多く、ボランティアや自治会などに積極的に参加する傾向
行政の担当者は、居宅系サービスにはあまり関心がなく、良くも悪くもあまり事業者にかかわってはこない
D地域包括支援センターは市の直営であり、利用者の希望を尊重し、社会福祉法人・民間事業者の区別なく、サービスの利用先を紹介している
居宅介護支援事業所は、市内に25か所存在するが、独立系の居宅介護支援事業所は2か所しかない。しかし、当該2事業所は利用者に寄り添ったケアプランを策定しており、デイサービスに特徴さえあれば積極的に紹介している

著者作成

本来、競合や協力などの分析については、地域におけるすべての事業者を網羅的に行う必要がありますが、今回は紙面の都合上、ごく一部の事業者を対象としています。
　とくに、事業立ち上げ期においては、競合他業者や協力者の具体的な状況がわからないことも多いでしょう。こうしたことからも、まずは浅くとも網羅的に分析を行う必要があります。
　今回の分析では、主に
・今後、要支援・要介護者は増加する見込みであること
・地域ではデイサービス事業が40事業所で提供されており競合他業者が多いこと
・リハビリを中心としたデイサービス事業所はこの地域には少ないこと
などがわかりました。

（4）ステップ2：内部環境分析による事実の整理

　次に内部環境分析を行います。今回は、分析に先立ち「調査・分析の視点」を**図表3-2-5**のとおり整理しました。

　本事例は、事業立ち上げ期であることから、とくに重視すべき項目である「人材・教育」と「財務」を中心に、第2章で示した調査・分析の視点の項目から変更しています。

　このように、評価の視点は、自法人の状況に応じて臨機応変に変更する必要があります。法人が実現したいことを意識すれば、自然と評価すべき視点が浮かび上がってくるでしょう。

　なお、事業立ち上げ期の内部環境は、立ち上げ準備が進むにつれ刻一刻と変化しますので、分析に時間をかけるのではなく、粗々で作成し、状況の変化に柔軟に対応できるものにしておくとよいでしょう。

第3章 モデル事例

【図表3-2-5】内部環境分析における調査・分析の視点の変更例

項目	[変更前] 調査・分析の視点
理念・風土	・法人の理念にもとづいた運営がされているのか。 ・法人の理念は今の法人の使命に適合しているのか。 ・法人の理念を全職員が理解し、行動につなげているのか。 ・法人の風土・雰囲気はどのようなものか。それはいつからなのか。
マネジメント	・経営者のリーダーシップや経営管理能力はどのようなものか。 ・経営者の役割と責任は役職員に伝わっているのか。 ・明確な経営の方向性は役職員に伝わっているのか。 ・タテ・ヨコの情報共有が図られているのか。コミュニケーションはとれているのか。
人材・教育	・人材の採用、教育の仕組みはどのようなものか。 ・どのような人材が集まっているのか。 ・年齢構成・職種別人員構成はどのような特徴があるのか。 ・雇用形態や労働条件に特徴があるのか。 ・幹部・管理職職員は成長しているのか。教育は十分か。何が必要なのか。 ・現場職員は成長しているのか。教育は十分なのか。何が必要なのか。
組織管理・システム	・業務はスムーズに流れているのか。 ・業務は属人的になっていないのか。 ・マニュアル整備などの仕組み化はどのような状況なのか。 ・会議体の運営はどのような状況か。 ・職位、職責、部署による業務分掌・決裁権限などの組織体制はどのような状況なのか。 ・組織(組織図)の形はどのようなものか。
広報・営業	・利用者確保のための営業活動に対する職員の意識はどのようなものか。 ・取り組みによる効果は出ているのか。 ・地域に対する広報活動への職員の意識はどのようなものか。 ・取り組みによる効果は出ているのか。
サービス提供	・介護サービスの質はどのようなものか。 ・職員の介護技術はどのようなものか。 ・利用者満足度はどのような状況なのか。その要因はなにか。
財務	・損益(収支)はどのような状況なのか。どのように推移してきたのか。 ・財産はどのような状況なのか。どのように推移してきたのか。 ・今後の財務状況はどのようになりそうなのか。 ・稼働率や利用者単価、経費率などの経営指標はどのような状況なのか。 ・大きな設備投資などの予定はあるのか。

[変更後] 調査・分析の視点
・法人の理念にもとづいた運営ができそうなのか。 ・法人の理念を全職員が理解し、行動につなげることができそうなのか。 ・法人の風土・雰囲気はどのようなものになりそうか。
・経営者のリーダーシップや経営管理能力はどのようなものか。 ・経営者の役割と責任は役職員に伝えることができそうなのか。 ・明確な経営の方向性は役職員に伝えることができそうなのか。 ・タテ・ヨコの情報共有が図られ、コミュニケーションがとれそうなのか。
・人材の採用、教育の仕組みはどのようになりそうなのか。 ・どのような人材が集まりそうなのか。 ・年齢構成・職種別人員構成はどのような特徴になりそうなのか。 ・雇用形態や労働条件はどのような特徴になりそうなのか。 ・幹部・管理職職員への教育には何が必要となりそうなのか。 ・現場職員への教育には何が必要となりそうなのか。 ・介護職員の確保計画はどのようなものか。 ・スタッフの定着方策はどのようなものか。
・業務をスムーズに流すことができそうなのか。 ・マニュアル整備などの仕組み化ができそうなのか。 ・会議体の運営状況はどのようになりそうなのか。 ・職位、職責、部署による業務分掌・決裁権限などの組織体制はどのようになりそうなのか。 ・組織(組織図)の形はどのようになりそうなのか。
・利用者確保のための営業活動に対する意識はどのようなものか。 ・地域に対する広報活動への意識はどのようなものか。 ・取り組みによる効果はどのようになりそうなのか。
・介護サービスの質はどのようになりそうなのか。 ・職員の介護技術はどのようになりそうなのか。 ・事業所の設備などはどのようになりそうなのか。
・初期費用の確保状況はどうなのか。 ・建築・改修工事単価などは予定どおり推移しそうなのか。 ・事業を本格稼働するまでの見通しと資金力はどうなのか。 ・本格稼働後の経営状況の見通しはどうなのか。 ・金融機関との交渉状況はどうなのか。 ・借入金と収入予定額との釣り合いはどうなのか。

著者作成

変更した調査・分析の視点をもとに**図表3-2-6**のとおり内部環境分析を行いました。
　その結果、
　　・業務分担、決裁権限、組織図などが未策定であること
　　・介護サービスの提供イメージが固まっていないこと
　　・人材確保スケジュールが明確でないこと
　　・借入金を増額しなければならないこと
　などがわかりました。

第3章 モデル事例

【図表3-2-6】内部環境分析

項目	内容
理念	地域の人々が、いつまでも笑顔で暮らせるよう、地域社会に貢献します
ビジョン	住民が地域の中で暮らし続けることができるよう支援し続けている法人を目指します [行動指針] ◆私たちは、利用者が地域の中で最後まで生活できるよう支援します ◆私たちは、介護事業の枠にとらわれず、地域の活性化に貢献します ◆私たちは、自らの役割を永続的に果たすため、効率的な経営を行います ◆私たちは、自信と誇りをもってサービスを提供します

自法人

項目	あるべき姿	調査・分析の視点
理念・風土	・利用者が地域で生活できるよう支援することを全役職員が理解している ・自組織が地域の一員であることを念頭に、介護サービスの枠を超え地域貢献を行うとの風土が定着している	・法人の理念にもとづいた運営ができそうなのか。 ・法人の理念を全職員が理解し、行動につなげることができそうなのか。 ・法人の風土・雰囲気はどのようなものになりそうか。
マネジメント	・進むべき方向性について、組織内で活発に議論したうえで、経営者が決定できている ・全役職員が進むべき方向に向かうことができる組織体系ができている	・経営者のリーダーシップや経営管理能力はどのようなものか。 ・経営者の役割と責任は役職員に伝えることができそうなのか。 ・明確な経営の方向性は役職員に伝えることができそうなのか。 ・タテ・ヨコの情報共有が図られ、コミュニケーションがとれそうなのか。
人材・教育	・利用者の立場にたって考えることができる教育訓練体制が整っており、職員全員が実践できるようになっている ・適切な経営判断ができる幹部職員が育っている	・人材の採用、教育の仕組みはどのようになりそうなのか。 ・どのような人材が集まりそうなのか。 ・年齢構成・職種別人員構成はどのような特徴になりそうなのか。 ・雇用形態や労働条件はどのような特徴になりそうなのか。 ・幹部・管理職員への教育には何が必要となりそうなのか。 ・現場職員への教育には何が必要となりそうなのか。 ・介護職員の確保計画はどのようなものか。 ・スタッフの定着方策はどのようなものか。
組織管理・システム	・経営理念に基づいたマニュアルが作成されており、業務に変更があった場合は、柔軟に改定できる仕組みが構築されている ・トップダウンの仕組みが整った組織体制が構築されている	・業務をスムーズに流すことができそうなのか。 ・マニュアル整備などの仕組み化ができそうなのか。 ・会議体の運営状況はどのようになりそうなのか。 ・職位、職責、部署による業務分掌・決裁権限などの組織体制はどのようになりそうなのか。 ・組織（組織図）の形はどのようになりそうなのか。
広報・営業	・地域でいつまでも暮らしたいというニーズをもつ高齢者に、この事業所が最後の砦として認知されている ・診療所、地域包括ケアセンター、ケアマネジャー、自治会などとのネットワークが構築されており、お互いにwin-winな関係が構築できている	・利用者確保のための営業活動に対する意識はどのようなものか。 ・地域に対する広報活動への意識はどのようなものか。 ・取り組みによる効果はどのようになりそうなのか。
サービス提供	・どんな人でも断らない状態が構築できている ・利用者が自宅でくつろいでいるようなサービスが提供できている ・利用者が地域で暮らし続けることができるようなサービスが提供できている ・入浴については、機械浴には頼らず、人の手でぬくもりのあるサービスが提供できている ・食事については、自前で提供でき、地産地消にこだわったメニュー提供ができている	・介護サービスの質はどのようになりそうなのか。 ・職員の介護技術はどのようになりそうなのか。 ・事業所の設備などはどのようになりそうなのか。
財務	・複数の事業展開を目指すためだけの利益を上げることができている ・稼働2年目から黒字が出せる状況になっている	・初期費用の確保状況はどうなのか。 ・建築・改修工事単価などは予定どおり推移しそうなのか。 ・事業を本格稼働するまでの見通しと資金力はどうなのか。 ・本格稼働後の経営状況の見通しはどうなのか。 ・金融機関との交渉状況はどうなのか。 ・借入金と収入予定額との釣り合いはどうなのか。

	現状
	・初期メンバー3名は同じ理念のもとに集まっており、理念を行動につなげることができている ・今後、非常勤メンバーを中心に職員を募集することとなるが、そうしたメンバーに理念を理解させることができるのかは不透明
	・経営者は自身で事業立ち上げを決断しており、決断力には問題がないが経営管理能力は未知数 ・初期メンバー3名は、法人の理念に共感したメンバーであり問題ないが、今後新メンバーを迎え組織が拡大した段階でうまくマネジメントできるのかは不透明
	・初期メンバー3名は、デイサービスでの勤務経験があり、教育を行う必要がない ・今後、非常勤メンバーを雇用していく予定であるが、人材確保スケジュールが明確でない ・とりあえず地元のタウン誌と福祉人材センターを通して新たに職員を募集しているが、まだ応募はない ・幹部職員は経営者以外にはおらず、今後、介護職員を幹部候補生として教育していく予定
	・業務運営マニュアルは前職の経験をもとに作成済み ・初期メンバー3名で事業立ち上げのための打ち合わせを週1回開催している ・業務分担・決裁権限、組織図などはまだ策定していない
	・地元の医師会、自治会などに対して具体的なアクションは行っていない ・デイサービスを立ち上げることについては行政に相談中 ・地元のケアマネジャー、福祉施設、地域包括支援センターなどへの営業は行っていない
	・前職で介護サービスに関わった経験はあるが、介護サービスの提供イメージは固まっておらず、実際にどのようになるのかは未知数 ・建物、土地の確保はできているが、今後、調理施設、浴槽などを中心に改修が必要
	・初期費用として600万円を準備しており、不足分は地元の銀行から借り入れ予定 ・2つの銀行と交渉をしており、両行から事業計画書の提出が求められている ・収支予定は、初年度損失100万円、次年度利益50万円との計画を立てている ・建物改修に係る建築単価が当初見積もりよりも高くなり、改修費用も膨らんだことから、借入金を増額しなければならない状況

著者作成

（5）ステップ3：ビジョン実現に向けた経営戦略の立案

続いて、現状を引き起こしている本質的な課題について整理しました（図表3-2-7）。

【図表3-2-7】課題の抽出

自法人カテゴリーの項目	現状	現状を引き起こしている本質的課題
理念・風土	・初期メンバー3名は同じ理念のもとに集まっており、理念を行動につなげることができている ・今後、非常勤メンバーを中心に職員を募集することとなるが、そうしたメンバーに理念を理解させることができるのかは不透明	・新規採用予定の職員に理念を浸透させるための手段が見えてない
マネジメント	・経営者は自身で事業立ち上げを決断しており、決断力には問題はないが経営管理能力は未知数 ・初期メンバー3名は、法人の理念に共感したメンバーであり問題はないが、今後新メンバーを迎え組織が拡大した段階でうまくマネジメントできるのかは不透明	・組織体制をどのようなものにすればよいのかがわかっていない
人材・教育	・初期メンバー3名は、デイサービスでの勤務経験があり、教育を行う必要がない ・今後、非常勤メンバーを雇用していく予定であるが、人材確保スケジュールが明確でない ・とりあえず地元のタウン誌と福祉人材センターを通して新たに職員を募集しているが、まだ応募はない ・幹部職員は経営者以外にはおらず、今後、介護職員を幹部候補生として教育していく予定	・欲しい人材像が固まっていない ・人材確保計画が十分なものでない
組織管理・システム	・業務運営マニュアルは前職の経験をもとに作成済み ・初期メンバー3名で事業立ち上げのための打ち合わせを週1回開催している ・業務分担・決裁権限、組織図などはまだ策定していない	・組織の意思決定を行うための仕組みがない
広報・営業	・地元の医師会、自治会などに対して具体的なアクションは行っていない ・デイサービスを立ち上げることについては行政に相談中 ・地元のケアマネジャー、福祉施設、地域包括支援センターなどへの営業は行っていない	・事業運営のためのネットワークが不十分
サービス提供	・前職で介護サービスに関わった経験はあるが、介護サービスの提供イメージは固まっておらず、実際にどのようになるのかは未知数 ・建物、土地の確保はできているが、今後、調理施設、浴槽などを中心に改修が必要	・事業所の改修案が固まっていない ・デイサービスの特色を決めていない
財務	・初期費用として600万円を準備しており、不足分は地元の銀行から借り入れ予定 ・2つの銀行と交渉をしており、両行から事業計画書の提出が求められている ・収支予定は、初年度損失100万円、次年度利益50万円との計画を立てている ・建物改修に係る建築単価が当初見積もりよりも高くなり、改修費用も膨らんだことから、借入金を増額しなければならない状況	・収支シミュレーションの精度が低い

著者作成

事業立ち上げ期ならではの課題として、
・組織の意思決定を行うための仕組みがないこと
・人材確保計画が十分なものでないこと
・事業運営のためのネットワークが不十分であること
などが、本質的課題として挙げられました。

ここで、課題の現状を網羅的に把握するため、課題の因果関係を整理しました（図表3-2-8）。

【図表3-2-8】現状把握の因果関係図

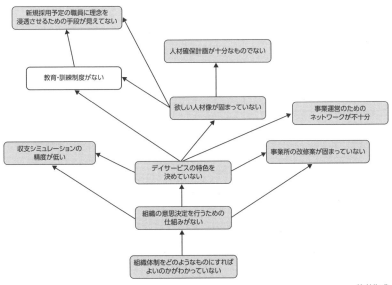

著者作成

その結果、「デイサービスの特色を決めていない」ということがさまざまな課題の中心にあることが見えてきました。

また、今後採用予定の職員のための「教育・訓練制度がない」ということも新たな課題として判明しました。

地域に役立つサービスを提供したいという思いが先行し、「組織をどのように運営するべきか」ということについて意識が回っていない法人の状況が因果関係を整理することで浮かび上がってきたのです。

　次に、課題を解決するための戦略を検討するために、達成すべき目標がどのようなものなのかを明らかにしました（図表3-2-9、図表3-2-10）。

【図表3-2-9】ビジョン達成に向けた因果関係図

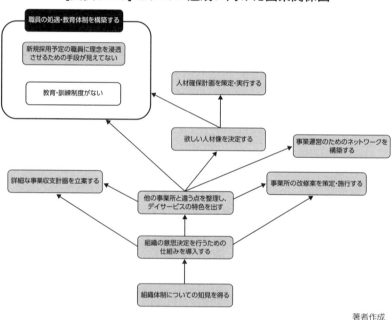

著者作成

【図表3-2-10】本質的課題と重点目標の対比

自組織カテゴリー	現状を引き起こしている本質的課題	達成目標
理念・風土	新規採用予定の職員に理念を浸透させるための手段が見えてない	職員の処遇・教育体制を構築する
マネジメント	組織体制をどのようなものにすればよいのかがわかっていない	組織体制についての知見を得る
人材・教育	教育・訓練制度がない	
人材・教育	欲しい人材像が固まっていない	欲しい人材像を決定する
人材・教育	人材確保計画が十分なものでない	人材確保計画を策定・実行する
組織管理・システム	組織の意思決定を行うための仕組みがない	組織の意思決定を行うための仕組みを導入する
広報・営業	事業運営のためのネットワークが不十分	事業運営のためのネットワークを構築する
サービス提供	事業所の改修案が固まっていない	事業所の改修案を策定・施行する
サービス提供	デイサービスの特色を決めていない	他の事業所と違う点を整理し、デイサービスの特色を出す
財務	収支シミュレーションの精度が低い	詳細な事業収支計画を立案する

著者作成

　今回は、「教育・訓練制度がない」、「新規採用予定の職員に理念を浸透させるための手段が見えてない」という2つの本質的課題を解決するために、「職員の処遇・教育体制を構築する」という1つの重点目標を設定しています。

　本来、本質的な課題に対してそれぞれ重点目標を設定すべき（今回のケースであれば、2つの課題にそれぞれ対応する2つの重点目標を設定）ですが、このように必要に応じて修正してもかまいません。

　本質的課題を整理した結果、
　・職員の処遇・教育体制を構築する
　・人材確保計画を策定・実行する
　・他の事業所と違う点を整理し、デイサービスの特色を出す
　・詳細な事業収支計画を立案する

などの重点目標が設定されました。

(6) ステップ4：具体的な取組項目の選択

重点目標が決まったところで、その重点目標をクリアするための取組項目を検討しました (図表3-2-11)。その結果、事業立ち上げ期において、対応する必要がある項目が列挙されました。

職員の処遇・教育体制の構築、人材確保計画の策定、組織の意思決定を行うための仕組みの導入などは、他の事業所の取り組みを参考にしながら策定することとなるでしょう。

第3章 モデル事例

【図表3-2-11】外部環境を加味した取組項目の選択

項目	重点目標	外部環境要因の影響	
		社会	市場
		【政治】 ● 介護に対する政策は国の最重要事項の1つであるが、介護に係る国民負担は上昇傾向 ● 特にデイサービス事業は収支差率が高いとの指摘もあり、今後介護報酬の減額がなされていく見込み ● 地域包括ケアを重視する流れのなかで、他職種や他事業所との連携に対する取り組みが今後評価される見込み ● 社会福祉法人についてはさまざまな議論がなされており、イコールフッティングについての議論は今後も続く可能性 【経済】 ● 日本の景気は消費税増税などの影響もあるが、急激に回復する見込みはあまりない ● こうしたなか介護業界を新たなマーケットとして捉え、他業種が介護マーケットへ参入してくる見込み ● 金融機関は、量的緩和が継続されていることから貸出先を常に探している状況。今後、成長が見込まれる介護業界へは積極的に融資をしてもらえる可能性 ● 金利については、現時点においては相当な低金利であるが、将来にどうなるかは不透明 ● 建築単価が高騰していることから、建築費が上昇傾向にある 【社会】 ● 高齢化は進むが、地域によっては人口減少による高齢者数の減少が始まる ● 介護保険料を支払ってきた世代が高齢化することで、介護サービスに対する要求レベルは高くなることが見込まれる ● 家族介護という形態は減少し、介護サービスを上限まで利用する傾向が強まる ● 現在の家族には、施設や事業所に利用者を預かってもらっているという感覚が一部残っているが、今後は利用してあげるという消費者意識が強まる見込み 【技術】 ● 福祉機器は発展するが、人による介護サービスはなくならない ● 介護技術は日々進化しており、常に最新の技術論を学習しなければならない状況になる	【地域市場】 ● 地域における高齢者数は増加する見込み。特に、団塊の世代が同時期に一斉に入居したニュータウン地区ではその傾向が顕著 ● 山を切り開いたニュータウンが存在しており、高齢者にはアップダウンが厳しい地形。送迎における快適さが重視される可能性 ● ニュータウンの子どもたちは結婚し家を出る傾向にあり、老夫婦2人もしくは独居老人が増える傾向 ● インターネットを利用し情報を収集する高齢者が増えるため、今後は、サービスの利用決定にインターネットなどにおける口コミ情報が有力になる 【利用者】 ● 現在、デイサービスを利用しているのは団塊の世代の親世代が多く、サービスを受けることだけで満足している状況。今後、団塊の世代が利用者になることが見込まれサービス要求水準が高くなる見込み ● 今後の利用者は都心部でビジネスマンとして働いていた層が多く、介護保険料を支払った意識も高いことから積極的に介護保険を利用しようとする可能性 ● 独立した子どもたちは親と同居して介護するのではなく、なるべく親がその地域で引き続き生活してもらうことを望む傾向
理念・風土	● 職員の処遇・教育体制を構築する	利用者のサービスへの要求は高まる傾向があるため、教育・訓練制度のもと職員へ理念などを浸透させなけれ[ば] デイサービス事業所は同じ地域に多くあることから、他の事業所よりも職員の処遇、教育・訓練体制を魅力ある[ものにする] 最新の介護技術論を取り込んだ教育・訓練を実行することで、より良い介護サービスが提供可能となるとともに	
マネジメント	● 組織体制についての知見を得る	地域にデイサービスは40事業所？飽和状態になりつつあることから、競合他事業所よりも強い組織体制を[構築し] 他職種や他事業所との連携を積極的に行っている事業者の組織体制を学習することで、より地域貢献ができる	
人材・教育	● 欲しい人材像を決定する ● 人材確保計画を策定・実行する	介護サービスは人によるものであり、良い介護サービスを提供するには良い人材を確保する必要がある 子育てを終えた主婦層が多いことから、その層をターゲットにした人材確保計画を策定・実行する必要がある C地域においては、会社をリタイヤした者が多くボランティアに積極的に参加する方が多いことから、同地域[では]	
組織管理・システム	● 組織の意思決定を行うための仕組みを導入する	介護報酬体系の変更やデイサービスの人員基準・設備基準変更などがあった際にも、柔軟に対応できる組織体[制を] サービス要求水準が高まることを踏まえ、サービスを改善し続ける仕組みを構築する必要がある	
広報・営業	● 事業運営のためのネットワークを構築する	地域包括ケアの今後の行く末を見通し、介護事業者や医療機関と連携することで、利用者確保や緊急時の対応 診療所の医師は訪問診療を行っている方が多く、利用者のかかりつけ医となっている可能性が高いことから連[携] D地域包括支援センターと独立系の2居宅介護支援事業所は、良質な介護サービスを提供しているデイサービス	
サービス提供	● 事業所の改修案を策定・施行する ● 他の事業所と違う点を整理し、デイサービスの特色を出す	施設に併設されているデイサービスが多いことなどを踏まえ、生活感あふれる古民家風の事業所を設立し、アップダウン[を] 現在の事業者は、デイサービスを利用者のレクリエーションの場として位置付けていること、また、アップダウン[を活か] たサービスを展開することで差別化を図ることができる	
財務	● 詳細な事業収支計画を立案する	金融機関からの融資は比較的低い金利で融資を受けられる可能性が高いが、良い条件で融資を受けるためには[綿密な] 介護報酬の減額可能性や建築費の高騰などを踏まえ、余裕のある事業収支計画を立案する必要がある	

競合	協力	取組項目
【同業者業界】 ● デイサービスは40事業所が存在しているが、特別養護老人ホームや有料老人ホームなどに併設されている比較的中～大規模の事業所が多い。今後は、利用者のきめ細やかなニーズに応えるために小規模デイサービス事業者が増加する見込み ● 現在の事業者は、デイサービスを利用者のレクリエーションの場として位置付けており、積極的にリハビリを実施している事業所は少ない ● 市は特別養護老人ホーム（現在5施設）や介護老人保健施設（現在5施設）などの施設数を増やしていきたいと考えており、居宅系サービスは事業者に自由に任せるとの方向 ● 市内に老人クラブが複数存在し、高齢者の方は、老人クラブなどで地域との交流を図っている。老人クラブへの参加が介護予防の一環になっている状況 ● 介護人材は不足しているが、子育てを終えた主婦層が多く存在し、地元で短時間働きたいというニーズは存在	【協力者業界】 ● 地域にある市立病院は社会福祉法人と積極的に連携している傾向 ● 診療所の多くは、訪問診療を行っており、介護事業者との連携も積極的に図っている ● 市は認知症の方への対応に力をいれており、今後、認知症グループホームの数を増やしていくことを計画	取組項目
【競合他業者】 ● 社会福祉法人によるデイサービスは一定程度存在するが、施設系サービスの延長で行っている状況 ● 特に、この地域で2つの特別養護老人ホームを経営する社会福祉法人A（経営者は地元の有力企業の社長）は、4つのデイサービスを経営しており、地域におけるブランド力はある一方で、大きな特徴も見受けられない ● 地域で2つのデイサービスを経営している株式会社Bは、地元に密着した企業で、多様なデイサービスのプログラムを用意しており、要介護度が低い利用者から人気を集めている	【協力・連携者】 ● C地域は会社をリタイアした方が多く、ボランティアや自治会などに積極的に参加する傾向 ● 行政の担当者は、居宅系サービスにはあまり関心がなく、良くも悪くもあまり事業者にかかわってはこない ● D地域包括支援センターは市の直営であり、利用者の希望を尊重し、社会福祉法人・民間事業者の区別なく、サービスの利用先を紹介している ● 居宅介護支援事業所は、市内に25か所存在するが、独立系の居宅介護支援事業所が2か所しかない。しかし、当該2事業所は利用者に寄り添ったケアプランを策定しており、デイサービスに特徴さえあれば積極的に紹介している	
用者満足度の高い介護サービスは提供できないにしなければ人材確保ができない 員のモチベーション向上も図られる		● 職員の給与体系及び福利厚生制度を策定する ● Do-CAPの考え方に基づく教育訓練体制を導入する
し競争力を保つ必要がある 織を構築することが可能となる		● 書籍や他事業所視察などにより組織体制案について整理する
てボランティア確保を検討する必要がある		● 必要な人材像を踏まえた人材確保計画を策定・実行する
を構築しておく必要がある		● PDCAサイクルが機能する組織体制を構築する
どを行うことができる 図る必要がある あれば積極的に利用者を紹介してくれる可能性が高い		● 開所説明会を開催する ● 連携先への訪問スケジュールを策定・実行する
ームなサービス提供を図ることで差別化を図る い地形であることなどを踏まえ、リハビリを中心としたプログラムを提供するとともに送迎に重点を置い		● 古民家風の事業所へとリフォームする ● リハビリを中心としたプログラムを開発する
の高い経営計画・事業計画、事業収支計画書が必要		● 詳細な事業収支計画を策定する

著者作成

(7) ステップ5：3～5年間の経営計画への落とし込み

　取組項目が決定したらいよいよ経営計画の策定に入ります。それぞれの項目を誰がいつまでにどこまで達成するのかを設定し、経営計画としました (図表3-2-12)。

　経営計画は通常3～5年をその期間として設定しますが、状況が変化することが多い事業立ち上げ期に策定するものは、3年程度のものがよいでしょう。

　ただし、金融機関などから融資を受ける際には5年後の見通しなどを求められる可能性ありますので、事前に金融機関をはじめとする関係者とよく調整をしておきましょう。

　どこまで達成するかは、「モニタリングすべき達成基準」にて明確にします。第2章で説明したとおり、この基準は、達成されたのかどうかを客観的に把握できるようにするため、なるべく定量的に観察できるものを設定する必要がありますが、事業立ち上げ期においては、体制構築や計画策定など数値目標を設定することが困難な取組項目が選択されることが多いと思われます。こうした場合には、「その状況が達成されたのか」を達成基準として設定するとよいでしょう。

　経営計画を策定した結果、(当たり前ですが) 事業を開始する初年度に対応すべき項目が多いことがわかりました。

【図表3-2-12】経営計画

項目	重点目標	取組項目	モニタリングすべき達成基準	担当部署	初年度目標	次年度目標	最終年度目標
理念・風土	●職員の処遇・教育体制を構築する	職員の給与体系及び福利厚生制度を策定する	給与体系及び福利厚生制度の構築	経営者	構築	改善	改善
		Do-CAPの考え方に基づく教育訓練体制を導入する	教育訓練体制の構築	経営者	構築	改善	改善
マネジメント	●組織体制や他事業所視察などにより組織体制案について整理する	書籍や他事業所視察などにより組織体制案について整理する	書籍数・事業所視察数	経営者 介護職員	5書籍/ 5事業所	―	―
人材・教育	●欲しい人材像を決定する ●人材確保計画を策定・実行する	必要な人材像を踏まえた人材確保計画を策定・実行する	計画策定/確保人員	経営者	計画策定/ 2名	―	―
組織管理・システム	●組織の意思決定を行うための仕組みを導入する	PDCAサイクルが機能する組織体制を検討・構築する	組織体制の構築	経営者	構築	改善	改善
広報・営業	●事業運営のためのネットワークを構築する	開所説明会を開催する	開所説明会への参加者数	経営者	100名	―	―
		連携先への訪問スケジュールを策定・実行する	訪問先件数	経営者	20件	20件	20件
サービス提供	●事業所の改修案を策定・施行する	事業所の改修案を古民家風の事業所へとリフォーム施行する	リフォーム業者との契約・施行	経営者 介護職員	契約・施行	―	―
	●他の事業所と違う点を整理し、デイサービスの特色を出す	リハビリを中心としたプログラムを開発する	リハビリ中心としたプログラムメニュー数	看護職員 介護職員	2プログラム	4プログラム	4プログラム
財務	●詳細な事業収支計画を立案する	詳細な事業収支計画を策定する	損益額	経営者	損失100万円	利益50万円	利益100万円

著者作成

(8) ステップ6：年度ごとの事業計画への分解

複数年の計画である経営計画を、単年度の計画として分解し、初年度の事業計画を策定しました (図表3-2-13)。

そのなかで、「Do-CAPの考え方に基づく教育訓練制度の導入」は独自で対応することは困難であると判断し、コンサルタントの支援を4〜7月までの間に受けることを決定しました。このように個々の項目についてその対応内容を決定し、月次のスケジュールに落と

【図表3-2-13】初年度事業計画

項目	重点目標	取組項目	モニタリングすべき達成基準	担当部署	初年度目標
理念・風土	●職員の処遇・教育体制を構築する	職員の給与体系及び福利厚生制度を策定する	給与体系及び福利厚生制度の構築	経営者	構築
		Do-CAPの考え方に基づく教育訓練体制を導入する	教育訓練体制の構築	経営者	構築
マネジメント	●組織体制についての知見を得る	書籍や他事業所視察などにより組織体制案について整理する	書籍数/事業所視察数	経営者介護職員	5書籍/5事業
人材・教育	●欲しい人材像を決定する ●人材確保計画を策定・実行する	必要な人材像を踏まえた人材確保計画を策定・実行する	計画策定/確保人員	経営者	計画策定/2
組織管理・システム	●組織の意思決定を行うための仕組みを導入する	PDCAサイクルが機能する組織体制を検討・構築する	組織体制の構築	経営者	構築
広報・営業	●事業運営のためのネットワークを構築する	開所説明会を開催する	開所説明会への参加者数	経営者	100名
		連携先への訪問スケジュールを策定・実行する	訪問先件数	経営者	20件
サービス提供	●事業所の改修案を策定・施行する	古民家風の事業所へとリフォームする	リフォーム業者との契約・施行	経営者介護職員	契約・施行
	●他の事業所と違う点を整理し、デイサービスの特色を出す	リハビリを中心としたプログラムを開発する	リハビリ中心としたプログラムメニュー数	看護職員介護職員	2プログラム
財務	●詳細な事業収支計画を立案する	詳細な事業収支計画を策定する	損益額	経営者	損失100万

し込みました。

　このように、計画が絵に描いた餅にならないよう、立案した事業計画のスケジュールの進捗状況を常に確認することが求められます。

　今回のケースでは、初期メンバー3名による定例会議を節目に行うことで、進捗状況を確認しあうこととしました。

　こうしてNPO法人かえでは、新たなデイサービス事業立ち上げに向けて本格的に走り出しました。

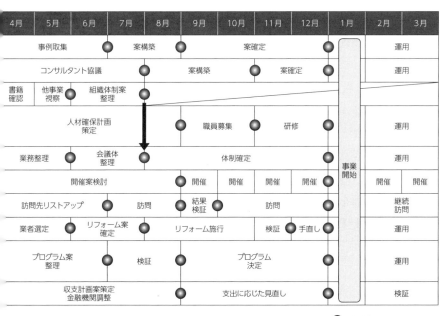

著者作成

3 | まとめ——経営計画・事業計画の策定とは

　本章では、モデル事例①で特別養護老人ホームなどを運営する社会福祉法人、モデル事例②でデイサービスをあらたに立ち上げるNPO法人の事例をもとに、経営計画・事業計画の策定の流れについて説明しました。

　両事例とも、紙面の都合もあり簡略化して記載している部分がありますので、実際に計画を策定される際には、これらの事例を参考にしながら、自法人の形態に適した計画を立案されるとよいでしょう。

　さて、第1章でも述べましたが、経営計画・事業計画は経営を行うためのツールであることを、最後にもう一度強調しておきたいと思います。大事なことは、計画の策定それ自体ではなく、計画の策定を通じて、①経営理念・ビジョンの具現化、②組織マネジメントの向上、③外部への説明力の向上などを図り、円滑な経営を行うことですので、計画を策定するにあたっては、この点を意識していただければと思います。

事務室から飛び出せ！

　「一般的に……」という言葉は実は怖い。とくに法人の今後を左右する戦略立案時においては要注意です。

　さまざまな法人の経営計画や事業計画を拝見していると、確かに法人の現状分析や外部の環境分析はもっともらしく列挙され、それらをもとにした法人の戦略も違和感なくみえることがあります。

　「少子高齢化が進み、介護スタッフの確保がますます困難になる」、「資材費や労務費が高騰し、建築工事費が割高になっている」など、一見すると正しそうなコメントであり、おそらく全国的にも事実なのかもしれません。

　しかし、計画を策定した事務長や事務主任などにそれらのコメントの根拠についてお聞きすると、「一般的に……」、「どこもみんな……」といったフレーズが多く出ることがあります。

　介護業界は、業界紙や専門雑誌が多く発刊されており、それらから情報を得ることで業界全体のトレンドや他の事業者の抱える課題などを知ることができます。

　これらの情報は、計画策定において大いに活用すべきですが、その一方で、はたしてうちの法人やうちの地域においても同様なのかという疑問はもつべきです。

　介護事業は地域に密着した事業であるため、一般論では語れない地域特性が存在することがあります。また、法人独自の特殊事

情がある場合もあるでしょう。それらは実際に現場で見聞きしなければわからない情報であり、事務所で必死にパソコンを叩き続けていても手に入らないかもしれません。

　経営計画・事業計画の策定作業は事務部門の職員が関わることが多いと思います。

　新聞や雑誌、インターネットも重要な情報源ですが、自らの足で稼いだ情報が、法人独自の戦略を生み出すことに繋がっていくと考えます。

　「ちょっと、市役所に顔出してきます！」、「自治会のお祭りに参加してきます！」、「利用者さんの顔見に行ってきます！」、「介護職員と飲みに行ってきます！」……

　ぜひ、事務室から飛び出してみてください。

おわりに

　「介護事業者から、"経営計画が必要なことはわかっているがどうやってつくればよいのかがわからない"といった声をよく聞く。そうした介護事業者に、経営計画や事業計画のつくり方をわかりやすく伝える本はできないか」

　本書の執筆は、日々、さまざまな介護事業の経営者や現場介護職員との対話を続けている株式会社日本医療企画の星野さんからの依頼がきっかけでした。

　現在、私は、今年度より当機構があらたに創設した部署「経営サポートセンター」において、コンサルティンググループの立ち上げに携わっておりますが、2014（平成26）年3月までの3年間、特別養護老人ホームやケアハウス、高齢者グループホームなどの社会福祉事業施設の整備等に対して資金を融資する福祉貸付部に所属しておりました。

　そこでは、主に社会福祉法人や医療法人のお客様に対して、延べ600件を超える融資相談及び審査を行ってきましたが、多くの融資相談をお受けするなかで感じたことがあります。

　それは「経営者が自らの法人について語っていない」ということです。

　融資相談にお越しになられるということは、新たな特養の建設や、老朽化した既存の特養の移転新築、小規模多機能型居宅介護事業所の開設など、多額の資金や人材、時間を必要とするそれらの計画について、さまざまな検討の末、法人としての意思決定をしてきているはずです。経営者においても、事業運営における大きなイベントを迎える心積もりができていることでしょう。

しかし、いざ融資相談にお越しになられた理事長や常務理事などの経営者層の方々とお話をさせていただくと、せっかくのその想いをうまく伝えることができずに、担当者である事務長や施設長による整備計画、法人の財務状況の説明に終始してしまうケースが多く見受けられます。
　もちろん整備に関する詳細な内容や法人の財務状況などは、整備計画に対する融資にあたって重要なポイントではありますが、私どもが経営者の口から直接聞きたいことは、この法人がこれまで何に取り組んでこられて、今後どのような方向に向かっていきたいのか、何を達成したいのか、そのために今次整備計画がどのような意味をなすのかといった法人としてのビジョンや戦略です。
　これは、なにも心情に訴えるような言葉を使いましょうということではありません。
　経営者の口から外部関係者である私どもに対して、しっかりと法人の姿勢を語ることができるのかどうかということは、同様に、法人内部にも日々経営者の考えや想いを伝達し、職員に理解がされているのかどうかということと同義であると考えます。
　つまり、組織としての「一体感」や「意識の高さ」といった数値では測れない法人の姿を見せていただきたいのです。
　そして、組織としての一体感があり、意識の高い法人には必ずといっていいほど、ビジョンにもとづいた経営計画が存在しておりました。
　そうした経営計画の策定の過程に経営者がしっかりとコミットすることで、経営者が自らの口で、法人について語ることができるものと考えております。

　経営計画・事業計画は一つとして同じものはありません。

今回、策定にあたっての手順や様式を示させていただきましたが、より専門的・実践的な方法によって経営計画・事業計画を策定している法人も数多くあります。

　第2章でお示しさせていただいた経営計画・事業計画策定の一連のステップは、一つの参考として、活用していただきたいものではありますが、いざ実際に行ってみると、なかなか思いどおりにいかない部分も出てくると思います。意見の衝突もあるかもしれません。しかし、あきらめずに何度も議論を繰り返し、みなさんの思考を深めてみてください。

　経営計画・事業計画の策定により得られる最も大事な成果物は、その策定の過程において、さまざまな問題にぶつかり、その問題に向き合い、議論し、乗り越えることで、自然と高まってくるであろう役職員の意識にこそあると考えております。

　ぜひ、すべての役職員が法人のビジョン実現に向けて、同じ方向を向き、一丸となれるような、経営計画・事業計画の策定に取り組んでください。

　本書がそうした法人の取り組みに少しでも寄与できれば幸いです。

経営サポートセンター
コンサルティンググループ
中野佑一

■ 参考文献

厚生労働省『平成26年度版厚生労働白書』日経印刷株式会社、2014
厚生労働省「平成12年～25年介護サービス施設・事業所調査」
株式会社帝国データバンク「医療機関・老人福祉事業者の倒産動向調査」2014
伊丹敬之、加護野忠男『ゼミナール経営学入門』日本経済新聞社、1989
M.E.ポーター『競争の戦略』ダイヤモンド社、1982
M.E.ポーター『競争優位の戦略』ダイヤモンド社、1985
P.コトラー『マーケティング・マネジメント』ピアソン・エデュケーション、2002
T.J.ピーターズ、R.H.ウォーターマン『エクセレント・カンパニー』英治出版、2003
C.K.Prahalad, G.Hamel, "The Core Competence of the Corporation", Harvard Business Review, 1990, May-June
ロバート・S.キャプラン、デビッド・P.ノートン『戦略バランスト・スコアカード』東洋経済新報社、2001
G.ハメル、C.K.プラハード『コア・コンピタンス経営』日本経済新聞社、2001
J.C.コリンズ、J.J.ポラス『ビジョナリー・カンパニー』日経BP出版センター、1995
馬場園明『介護福祉マーケティングと経営戦略』日本医療企画、2012
R.S.Kaplan, D.P.Norton, "Putting the Balanced Scorecard to Work", Harvard Business Review, 1993, September-October
Weihrich,H., "The TOWS matrix: a tool for situational analysis", Long Range Planning, April 60, 1982
三谷宏治『経営戦略全史』ディスカバー・トゥエンティワン、2013
高橋淑郎『医療経営のバランスト・スコアカード』生産性出版、2004
HRインスティテュート『事業企画書のつくり方』ダイヤモンド社、2001
西田在賢『医療・福祉の経営学』薬事日報社、2001
荒井耕『医療バランスト・スコアカード』中央経済社、2005
千葉正展『福祉経営論』ヘルス・システム研究所、2006
社会福祉法人兵庫県社会福祉協議会『社会福祉法人経営計画策定マニュアル』兵庫県社会福祉協議会、2012
株式会社メディカルクリエイト『病院経営を科学する！』日本医療企画、2003
照屋華子、岡田恵子『ロジカル・シンキング』東洋経済新報社、2001
宮内忍、宮内眞木子『新・社会福祉法人会計の実務』全国社会福祉協議会、1993

●著者略歴

本地 央明（ほんじ　ひさあき）【第1章、第3章第2節・第3節、コラム1担当】

独立行政法人 福祉医療機構 経営サポートセンター
リサーチグループ リサーチチームリーダー

一橋大学商学部商学科卒業・一橋大学大学院国際企業戦略研究科金融戦略・経済財務コース修了（MBA）、ISO9001 品質マネジメントシステム審査員補
三井海上火災保険㈱（現三井住友海上火災保険㈱）を経て、現職。保険会社在職中は、健康相談等ヘルスケア関連の傷害保険・疾病保険付帯サービスの開発・運営を手掛ける。また、厚生労働省社会・援護局福祉基盤課出向中には、福祉サービスの第三者評価及び苦情解決体制に係る政策立案等を担当する。現職では、企画指導部にて機構の品質マネジメントシステム（ISO9001）の運用、ALM等リスク管理業務に従事。2014年度リサーチチームの立ち上げに際しチームリーダーに就任し、現在、介護施設や医療機関等の経営状況分析やコンサルティングを実施している。

中野 佑一（なかの　ゆういち）【第2章、第3章第1節、コラム2、3担当】

独立行政法人 福祉医療機構 経営サポートセンター
コンサルティンググループ コンサルティングチーム主査

中央大学商学部商業貿易学科卒業・中央大学大学院商学研究科財務会計専攻修了、東京都福祉サービス第三者評価評価者
㈱福祉会計サービスセンター（宮内会計事務所）・㈱福祉規格総合研究所、㈱メディカルクリエイトを経て、現職。
社会福祉法人の会計支援に特化した会計事務所在職中は、特養、老健、障害施設、保育所等の多様な社会福祉法人に対して、会計指導、経営相談、行政監査立会い業務等に従事。その後、戦略系医療コンサルティング会社に参画し、医療法人の収支改善や事業戦略立案、大学病院の中期経営計画策定支援等のコンサルティングを実施。現職では、福祉施設等への融資を行う福祉貸付部にて融資相談・貸付審査業務に従事した後、現在、介護施設や医療機関等に対するコンサルティングを実施している。

■独立行政法人 福祉医療機構

　独立行政法人福祉医療機構は、特殊法人等改革により、社会福祉・医療事業団の事業を承継して、2003（平成15）年10月1日に福祉の増進と医療の普及向上を目的として設立された独立行政法人です。

　少子・高齢化が急速に進行するなかで、国民一人ひとりが心豊かに安心して暮らすことができる社会を築くためには、社会保障の基盤を揺るぎないものとしていく必要があります。このため、福祉医療の分野では、国及び地方公共団体において、社会福祉施設等の計画的整備、質の高い効率的な医療を提供するための医療制度改革に即した医療提供体制の構築など、社会保障を支える福祉医療の基盤づくりのための施策が進められています。

　独立行政法人福祉医療機構は、こうした国の施策と連携し、福祉医療の基盤整備を進めるため、社会福祉施設及び医療施設の整備のための貸付事業、施設の安定経営をバックアップするための経営診断・指導事業、社会福祉を振興するための事業に対する助成事業、社会福祉施設職員などのための退職手当共済事業、障害のある方の生活の安定を図るための心身障害者扶養保険事業、福祉保健医療情報を提供する事業、年金受給者の生活支援のための資金を融資する事業、年金資金運用基金から承継した年金住宅融資等債権の管理・回収業務及び教育資金貸付けあっせん業務など、多岐にわたる事業を展開しています。

　また、これらの事業等を実施するに当たっては、国から指示された中期目標に基づき、中期計画及び年度計画を主体的に定め、当計画に従って効率的かつ効果的な事業運営に努めています。また、各年度の事業実績は、第三者機関である厚生労働省独立行政法人評価委員会により厳しく評価されています。

　独立行政法人福祉医療機構は、独立行政法人としての社会的使命を自覚し、公共性の高い多様な事業を公正かつ効率的に実施することにより、「国民に信頼される総合的支援機関」になることを目指しています。

●表紙デザイン／梅津幸貴
●本文DTP／タクトシステム（株）

介護福祉経営士 実行力テキストシリーズ14
介護業界で生き残る
経営計画・事業計画のつくり方

2015年2月23日　初版第1刷発行

著　者　独立行政法人 福祉医療機構
　　　　　本地　央明
　　　　　中野　佑一
発行者　林　諄
発行所　株式会社 日本医療企画
　　　　〒101-0033　東京都千代田区神田岩本町4-14
　　　　　　　　　　神田平成ビル
　　　　　　　　　　TEL 03（3256）2861（代表）
　　　　　　　　　　FAX 03（3256）2865
　　　　　　　　　　http://www.jmp.co.jp/
印刷所　大日本印刷株式会社

ISBN978-4-86439-331-7　C3034　　©Welfare and Medical Service Agency,Wam 2015, Printed in Japan
（定価は表紙に表示しています）

「介護福祉経営士」テキストシリーズ　全21巻

総監修
江草安彦（社会福祉法人旭川荘名誉理事長、川崎医療福祉大学名誉学長）
大橋謙策（公益財団法人テクノエイド協会理事長、元・日本社会事業大学学長）
北島政樹（国際医療福祉大学学長）

(50音順)

▌基礎編Ⅰ （全6巻）
第1巻　介護福祉政策概論 ── 介護保険制度の概要と課題
第2巻　介護福祉経営史 ── 介護保険サービス誕生の軌跡
第3巻　介護福祉関連法規 ── その概要と重要ポイント
第4巻　介護福祉の仕組み ── 職種とサービス提供形態を理解する
第5巻　高齢者介護と介護技術の進歩 ── 人、技術、道具、環境の視点から
第6巻　介護福祉倫理学 ── 職業人としての倫理観

▌基礎編Ⅱ （全4巻）
第1巻　医療を知る ── 介護福祉人材が学ぶべきこと
第2巻　介護報酬制度／介護報酬請求事務 ── 基礎知識の習得から実践に向けて
第3巻　介護福祉産業論 ── 市場競争と参入障壁
第4巻　多様化する介護福祉サービス ── 利用者視点への立脚と介護保険外サービスの拡充

▌実践編Ⅰ （全4巻）
第1巻　介護福祉経営概論 ── 生き残るための経営戦略
第2巻　介護福祉コミュニケーション ── ES, CS向上のための会話・対応術
第3巻　事務管理／人事・労務管理 ── 求められる意識改革と実践事例
第4巻　介護福祉財務会計 ── 強い経営基盤はお金が生み出す

▌実践編Ⅱ （全7巻）
第1巻　組織構築・運営 ── 良質の介護福祉サービス提供を目指して
第2巻　介護福祉マーケティングと経営戦略 ── エリアとニーズのとらえ方
第3巻　介護福祉ITシステム ── 効率運営のための実践手引き
第4巻　リハビリテーション・マネジメント ── QOL向上のための哲学
第5巻　医療・介護福祉連携とチーム介護 ── 全体最適への早道
第6巻　介護事故と安全管理 ── その現実と対策
第7巻　リーダーシップとメンバーシップ、モチベーション
　　　　── 成功する人材を輩出する現場づくりとその条件